Nadia Books

がまざわたかこのおいしい手しごと

がまざわたかこ

ONE PUBLISHING

はじめに

季節をつかまえて、一つ一つ丁寧に瓶に閉じ込めてゆく。
時の移ろいを目と耳で感じながら、手指を動かして
しみじみと暮らしを味わう。
そんな「手しごと」のある日常は、
豊かさの本質を教えてくれるように感じます。

私の初めての手しごとは、
小学生の頃に母と作ったかりんシロップでした。
庭にあるかりんの木が毎年秋に実をつけて、
辺り一帯がやさしい香りに包まれます。
その固い実を包丁で切り、
氷砂糖などで漬けるだけのものですが、
咳が出るといつも母が飲ませてくれました。
今でも毎年作る大好きな味です。

慌ただしく過ぎる日々の中で丁寧に暮らすことは
なかなか難しいかもしれません。
でもそんな時こそ少し立ち止まって、
手しごとを楽しんでみてほしいと思っています。

いちごの甘い香りに春を、
目に飛び込んでくるような色鮮やかな野菜に夏を、
口いっぱいに広がる栗の甘さに秋を、
小気味よく包丁が入っていく大根のみずみずしさに冬を。
季節ごとに出回る食材と向き合う手しごとほど、
五感を養ってくれるものはありません。

料理研究家としてＮａｄｉａに参加してからは、
手しごとレシピに
ご質問やコメントを頂けることが励みとなりました。
「うまくできたかな？」と、
皆さんと期待や不安を共有しながら、
さらに磨きをかけていった珠玉のレシピです。

敷居が高いようにも感じる手しごとですが、
まずは気負わず、おおらかな気持ちで
作ってみてほしいと思っています。

手しごとの魅力が一人でも多くの方に伝わりますように。

がまざわ　たかこ

春

いちごジャム

果肉感をしっかり残した
プレザーブスタイルのジャム。
いちごのかわいらしさと
フレッシュな味わいが楽しめます。
トーストやスコーンにたっぷり添えて、
贅沢なおうち時間をお過ごしください。

保存期間	冷蔵庫で約2週間 常温で約1年
保存容器	200㎖の保存瓶
食べごろ	作ってすぐから

材料（作りやすい分量）

いちご…220g（正味）
グラニュー糖…110g
（いちごの重量の½量）
レモン汁…小さじ1

作り方

一 いちごは洗ってヘタを切る。

二 ホーローかステンレス製の鍋にいちごを入れ、グラニュー糖をまぶしてへらで混ぜる。1時間以上、できればひと晩くらい常温において水分を出す。

三 二の鍋を中火にかけ、鮮やかな赤色の果汁がしっかり出てくるまで煮る。

四 網じゃくしでいちごだけを取り出し、煮汁を残す。強火にし、アクを丁寧に除きながらとろみが出てくるまで煮詰める。

五 いちごを戻し入れ、アクを除きながら、強火でさらに5分ほど煮詰める。

六 とろりとしたら、やけどに気をつけてへらについたジャムを指でなぞってみる。線が残る状態になったら火を止め、レモン汁を加え混ぜる。

保存

短期：冷まして清潔な保存瓶に入れ、冷蔵庫で約２週間。

長期：熱いうちに清潔な保存瓶に入れ、瓶ごと煮て脱気する（25ページ参照）。常温で約１年保存可能。一度開けたら冷蔵庫に移し、２週間以内に食べきる。

いちごバター

ミルキーないちごの風味が
口いっぱいに広がるいちごバター。
パンやクラッカーにのせるだけで
止まらないおいしさです。
バターはぜひ有塩タイプを使ってください。
絶妙な塩加減が全体の味わいをととのえます。
かわいいパステルピンクは、ちょっとしたプレゼントや
持ち寄りパーティでも大人気。

保存期間	冷蔵庫で約2週間
保存容器	150㎖の保存容器
食べごろ	作ってすぐから

材料（作りやすい分量）

いちご… 4〜5個（60g）
バター（食塩使用）…50g
グラニュー糖…20g
コンデンスミルク…大さじ1

作り方

バターは常温に戻してやわらかくする。いちごは洗ってヘタを取り、5㎜角に刻む。

大きめの耐熱ボウルにいちごとグラニュー糖を入れて混ぜ、ラップをかけずに電子レンジで4分加熱する。粗熱をとる。

別のボウルにバターを入れ、泡立て器でクリーム状になるまで混ぜる。二を2〜3回に分けて加え混ぜ、なめらかになるまで混ぜ合わせる。

仕上げにコンデンスミルクを加えてよく混ぜる。清潔な保存容器に入れて冷蔵庫で冷やしかためる。

夏

梅干し

市場に梅が出回り始めると
「今年はどんな梅干しができるかな」と
心がおどります。同じように作っても、
毎年少しずつ味わいが違うのも保存食の醍醐味。
ここでご紹介するのは、塩分18％の昔ながらのレシピ。
カビがつくリスクも少なく、漬けやすいです。
下漬け、本漬け、そして梅雨が明けたら土用干し。
少しずつ梅の様子が変わっていくのを楽しみながら、
季節の移り変わりを感じることができます。

保存期間	約3年
保存容器	2.8ℓの保存容器
食べごろ	土用干し後

材料（作りやすい分量）

梅（完熟）…1.5kg
粗塩…270g（梅の重量の18％）
ホワイトリカー（35度の焼酎）…80mℓ
赤じその葉…150g
精製塩…27g

下漬け

準備

・梅は傷がなく、黄色から赤みがかったものを選ぶ。青ければ日光に1～2日当てて追熟させる。
・容量2・8ℓくらいの保存容器、重石を用意する。使う道具はアルコールで消毒する。
・重石がない場合は、1kg入りの砂糖や塩で代用可能。アルコールでふいて消毒し、ジッパーつき保存袋に入れておく。

作り方

梅は水洗いしてたらいなどに入れ、30分～1時間水に浸けてアク抜きをする。

ざるにあげて水気をきり、竹串で果肉を傷つけないようにヘタを除く。

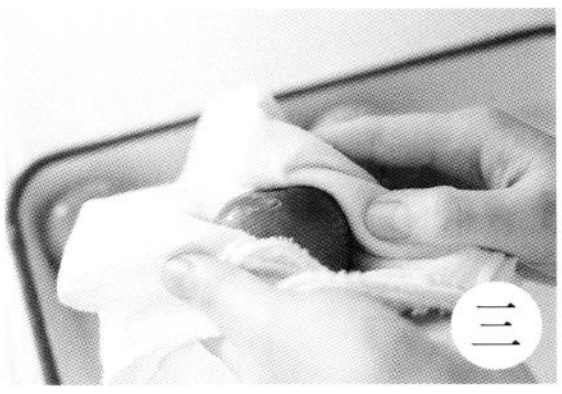

清潔なふきんで水気をよくふき取る。くぼみに残った水も丁寧にふく。

粗塩をひとにぎり、保存容器の底にふり広げる。梅を1段並べ、さらに粗塩をひとにぎりふる。これを繰り返し、粗塩をすべてふる。

ホワイトリカーを回しかける。容器を両手で持ってあおり、梅全体に粗塩とホワイトリカーをなじませる。

梅を平たくならし、重石（ここでは1kg入りの塩）をのせる。ふたもして常温におく。

翌日から1日1回、重石をはずして容器を傾け、全体に漬け汁をなじませる（カビ予防になる）。3～4日経つと、梅がかくれるくらい白梅酢が上がってくる。

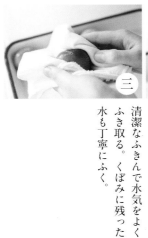

赤じその下ごしらえ・本漬け

白梅酢が十分に上がってきたら行う。

八

七の容器を傾け、使い捨て手袋をした手で梅を押さえて白梅酢を１５０㎖分取り分ける。※白梅酢は酢の物などにも使えるので、余ったら清潔な空き瓶などで保存しておくとよい。

九

赤じそは、葉のみを摘んでボウルに入れ、２～3回水を替えて洗い、汚れを落とす。ざるにあげて水気をよくきる。

一〇

バットに**九**を入れ、精製塩13・５gをふり入れ、手で全体になじませて約10分おく。両手でもみ、アク汁が出たらしぼって捨てる。

一一

バットを一度洗って水気をふき、赤じそを戻し入れる。精製塩13・５gをなじませ、さらにもみ込み、赤じそをボール状ににぎって、出てきたアク汁をしっかりしぼる。

一二

赤じそを清潔なボウルに移し、白梅酢１５０㎖を回しかけて菜箸でほぐす。白梅酢が鮮やかな色になればＯＫ。

一三

下漬けした梅全体にかぶせるように赤じそを広げ、赤くなった梅酢も加える。

一四

重石をのせてからふたをし、梅雨明けの土用干しの日まで冷暗所で保存する。

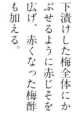

土用干し

天気の良い日が3日間以上続く頃を見はからって行う。

一五

梅を干すための平らで大きめのざるを用意し、できれば前日に洗って干しておく。また、物干しざおなどにかけられるように、ざるのふち3点にビニールひもを結ぶ。

一六

大きめのボウルかたらいの上にざるをのせる。使い捨て手袋をし、赤梅酢をきりながら間隔をあけて梅を並べる。中心には梅酢をしぼった赤じそを広げてのせる。

一七

へらで赤じそをぎゅっと押して残った梅酢をしぼる（ボウルに落ちた梅酢は容器に戻す）。

一八

日がよく当たり風通しのよい所で3日間、天日干しする。梅の表面が乾いて白っぽくなったら上下を返し、全体を乾かす。夜は室内に取り込む。3日目には、赤梅酢も容器ごと日に当てて殺菌する。

一九

3日目の夕方、梅全体がしわしわになり、梅も赤じそもうっすら塩が浮いてきたら取り込む。梅の大きさや、日光の強さによって日数を調整してもよい。清潔な保存容器に入れ、常温か冷蔵庫で保存する。

- ・やわらかい食感に仕上げたい場合は、日光で殺菌した赤梅酢に戻す。梅酢が温かいうちに梅と赤じそを戻し入れ、全体をなじませる。平皿か落としラップなどをのせてふたをし、梅酢を吸ってしっとりしたら完成。3カ月ほどおくと味がなじんでよりおいしい。
- ・下漬け中に表面にカビが生えてしまったら、梅を流水でよく洗ってざるにあげ、熱湯をかける。清潔なふきんで水分をふいてホワイトリカーをふる。梅酢は鍋に移して煮沸消毒し、容器もよく洗って消毒する。梅と梅酢を戻し入れ、粗塩適量を追加でふりかける。
- ・赤じそはさらに広げて干し、カラカラに乾燥させ、すり鉢などで細かくすれば自家製のふりかけに。
- ・赤梅酢が余ったら保存しておき、あえ物や漬物、ドレッシングなどに使うとよい。

白干し梅

ジッパーつき保存袋で作れて、赤じそも加えない白干し梅は、梅干し作りに初めて挑戦する方にもおすすめ。梅そのもののフルーティで滋味深いおいしさを楽しめます。

保存期間　約3年

保存容器　ジッパーつき保存袋(L)

食べごろ　土用干し後すぐ

赤じそを使わない分、色は薄め。果実感たっぷりのやわらかい果肉が楽しめます。

材料(作りやすい分量)

梅(完熟)…500g(約16個)
粗塩…90g(梅の重量の18%)
ホワイトリカー(35度の焼酎)…大さじ2

作り方

一　梅は水洗いしてボウルに入れ、30分~1時間水に浸けてアク抜きをする。

二　ざるにあげて水気をきり、竹串で果肉を傷つけないようにヘタを除く。清潔なふきんで水気をよくふき取り、くぼみも丁寧にふく。

三　ジッパーつき保存袋に梅と粗塩、ホワイトリカーを入れてやさしくもみ、全体になじませる。

四　空気を抜いて口を閉じ、平らにならしてバットなどに寝かせ、冷暗所におく。

五　翌日から1日1回、ジッパーつき保存袋を傾けて全体に漬け汁をなじませ、上下を返す(カビ防止になる)。梅雨明けの土用干しまで冷暗所で保存する。

六　梅雨が明けたら晴れが3日間続きそうな頃を見はからい、ざるなどに間隔をあけてのせ、ときどき裏返しながら天日に干し、保存する。詳しくは11ページの作り方**一五**~**一九**を参照。

梅の甘露煮

完熟梅ならではのやわらかい果肉はとろけるような食感。ほどよい酸味が身体をシャキッとさせてくれ、疲労回復や夏バテ防止にもぴったりです。

保存期間	冷蔵庫で約3カ月
保存容器	1.5ℓの保存瓶×2
食べごろ	2〜3日後から

梅を煮る前にたっぷりの水でアク抜きをして、えぐみや渋みを除きます。

材料（作りやすい分量）

梅（完熟）…1kg
砂糖…700g

作り方

一 梅は洗って竹串でヘタを取り、破れ防止のために全体に10カ所くらい竹串を刺す。ボウルに水を張り、1時間ほど浸けてアク抜きをする。

二 鍋に**一**の梅とかぶるくらいの水を入れ、中火にかける。沸騰直前になったら火を止め、静かにざるにあげ、さっと水をかけて洗う。

三 **二**の鍋をきれいに洗い、梅を戻し入れる。ひたひたの水と、上白糖を加えて弱火にかける。途中アクが出たら除き、クッキングシートなどで落としぶたをして1時間ほど煮る。火を止め、そのままひと晩おく。

四 **三**の梅を取り出し、清潔な保存容器に入れる。残りのシロップは半量になるまで煮詰め、粗熱がとれたら上から注ぎ、冷蔵庫で2〜3日なじませる。

保存

梅の実がシロップから出ないようにラップをかぶせ、ふたをして冷蔵庫で保存する。約3カ月保存可能。

秋

栗の渋皮煮

つややと宝石のように輝く渋皮煮。

美しいだけでなく、栗の個性が最も生きる料理だと思っています。

一番の難所は鬼皮をむくところですが、温かいうちだと包丁の刃が入りやすく、コツをつかめばスルスルむけてきます。

ぜひ楽しみながら栗しごとをしてみてくださいね。

保存期間	冷蔵庫で約10日 常温で約1年
保存容器	500㎖の保存瓶×4
食べごろ	1日後から

材料（作りやすい分量）

栗（大きめのもの）… 1kg
重曹…小さじ1
きび砂糖…約420g（栗の正味量の60％）
（好みで）ブランデー…少量

準備

・栗はツヤがあって重いものを選び、穴があるものは除く。
・時間があれば、新聞紙に包んでポリ袋に入れ、0〜3℃のチルド室で3日ほど寝かせると甘みが倍増する。

作り方

大きめの鍋にたっぷりの湯を沸かし、栗を入れて再び沸騰したらざるにあげる。

栗が温かいうちに鬼皮をむく。栗の底のほうに包丁の刃元を浅く差し入れ、削り取るように渋皮を残しながらむく。栗の実を傷つけないよう気をつける。

半分くらいむくと残りの皮はカパッとはずれてくる。すべてむいたら重さを量り、栗の60％の重さのきび砂糖を用意する。

鍋に**三**の栗とひたひたの水、重曹を入れて強火にかける。沸騰したら栗がおどらない程度の火加減にして、アクを除きながら15〜20分ゆでる。

やさしくざるにあげ、水をかけてアクを流す。竹串を使って大きな筋を除き、細かい筋は水をはったボウルの中でやさしくこすり洗いして除く。

四の鍋を洗い、**五**の栗とひたひたの水を入れて沸騰させる。栗がおどらない程度に10分ほどゆでる。鍋を流しに移動し、上から水を加えてゆで汁を替える。再び火にかけ、あと3回ほど、ゆで汁が透明になるまで行う。

鍋底に栗が並べられる大きさの鍋に、栗とひたひたの水、半量のきび砂糖を入れて中火にかける。沸騰したら栗がおどらない程度の火加減で10分煮る。

残りのきび砂糖を加え、クッキングシートなどで落としぶたをして10〜15分煮て、アクが出たら除く。そのまま1日おいて味をなじませ、好みでブランデーを加える。

保存

短期：冷まして清潔な保存瓶に入れ、冷蔵庫で約10日。

長期：清潔な保存瓶に入れ、瓶ごと煮て脱気する（25ページ参照）。常温で約1年保存可能。一度開けたら冷蔵庫に移し、1週間以内に食べきる。

マロンペースト

材料は栗とお砂糖だけ。余計なものは何も入れないシンプルなペーストです。お砂糖をしっかり溶かし、栗と丁寧に練り合わせることで日持ちが長くなります。
生クリームやクリームチーズと合わせたり、バニラエッセンスやラム酒で香りづけしたり。その日の気分で楽しんでみてください。

保存期間	冷蔵庫で約1カ月 冷凍庫で約3カ月
保存容器	300mlの保存瓶×2
食べごろ	作ってすぐから

材料（作りやすい分量）

栗…500g
砂糖…約200g（栗の正味量の50%）
水…約120ml（栗の正味量の30%）

作り方

栗はさっと洗って鍋に入れ、たっぷりの水を入れて50分〜1時間ゆでる。

ざるにあげ、粗熱がとれたら包丁で半分に切り、スプーンで中身を出す。

二の栗の重さを量り、50%の重さの砂糖、30%の重さの水を用意する。砂糖と水を鍋に入れて火にかけ、砂糖が溶けたら火を止める。

三に二の栗を加えて混ぜ、ブレンダーかフードプロセッサーでなめらかにする。ない場合はめん棒でつぶしながら混ぜ、時間があれば裏ごしする。

弱火にかけ、へらで練るようによく混ぜ、ツヤが出てきたら火を止める。

保存

短期：熱いうちに清潔な保存瓶に入れ、ふたをして逆さにして冷ます。冷蔵庫で約1カ月。
長期：冷ましてジッパーつき保存袋に入れて空気を抜く。冷凍庫で約3カ月。
どちらも一度開けたら冷蔵し、1週間以内に食べきる。

冬

寒仕込み みそ

昔は当たり前のように各家庭で手作りしていたみそ。初めてなら、そのおいしさに感動するのではないでしょうか。特に、1月5日ごろから節分にかけての「寒の内」に仕込むとゆっくり発酵が進み、味に深みが出ておいしくなると言われています。成功のコツは、大豆をやわらかくゆでること。麹と均一に混ざりやすくなり、カビにくいのです。熟成が進むにつれて、とてもよい香りがしてくるのも手作りみその醍醐味。早く食べたくてソワソワしてきちゃいます。

保存期間	約3年
保存容器	2ℓの保存容器
食べごろ	4カ月後から

材料（約1250g分）

乾燥大豆…250g
米麹…500g
粗塩…155g（大豆の重量の約11％）

準備

- ・容量2ℓの保存容器、重石を用意する。使う道具はアルコールで消毒する。
- ・重石がない場合は、1kg入りの砂糖や塩で代用可能。アルコールでふいて消毒し、ラップをぐるぐるに巻いておく。

作り方

前日

一 傷みのある大豆は除き、ボウルに入れて水をはり、2〜3回水を替えながら洗う。たっぷりの水に入れ、18時間ほど常温で浸水させる。

二 大豆がしっかり吸水して約2倍の大きさになり、皮がピンと張っていればOK。ざるにあげる。

当日

三 鍋に二の大豆とかぶるくらいの水を入れ、強火にかける。沸騰したら弱火にし、大豆がゆで汁から出ないよう差し水をしながら、ふたをして3時間以上ゆでる。途中浮いてきた薄皮はすくって除く。

四 1粒取り出してみて、指で抵抗なくつぶれるくらいになればOK。

五

ゆで上がったらざるにあげ、大豆とゆで汁に分け、ゆで汁は取っておく。

六

大豆はジッパーつき保存袋に入れ、めん棒や手のひらで押しつぶすようにして、粒が残らなくなるまでつぶす。

七

大豆をゆでている間に塩切り麹を作る。米麹はほぐして大きめのボウルに入れる。粗塩はひとにぎり程度を取り分け、残りを米麹に加え、手ですり合わせるように混ぜる。

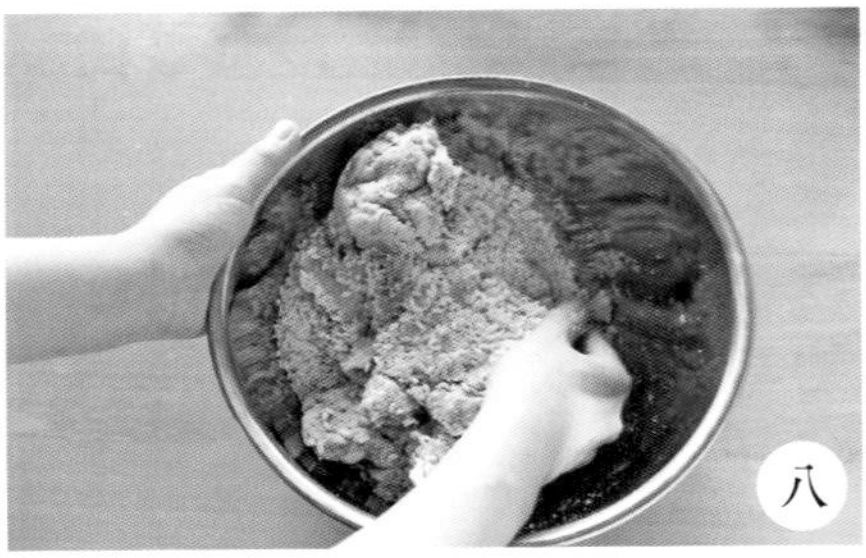

八

つぶした大豆が人肌くらいの温度になったら、**七**のボウルに少量ずつ加え、手でまんべんなくしっかり混ぜる。

九

市販のみそより少しかためになるように、取っておいたゆで汁を適量(約130㎖)加えて調節する。

一〇

ちょうどよいかたさになったらゴムべらで集め、空気を抜くように直径5～6㎝大のボール状に丸める。

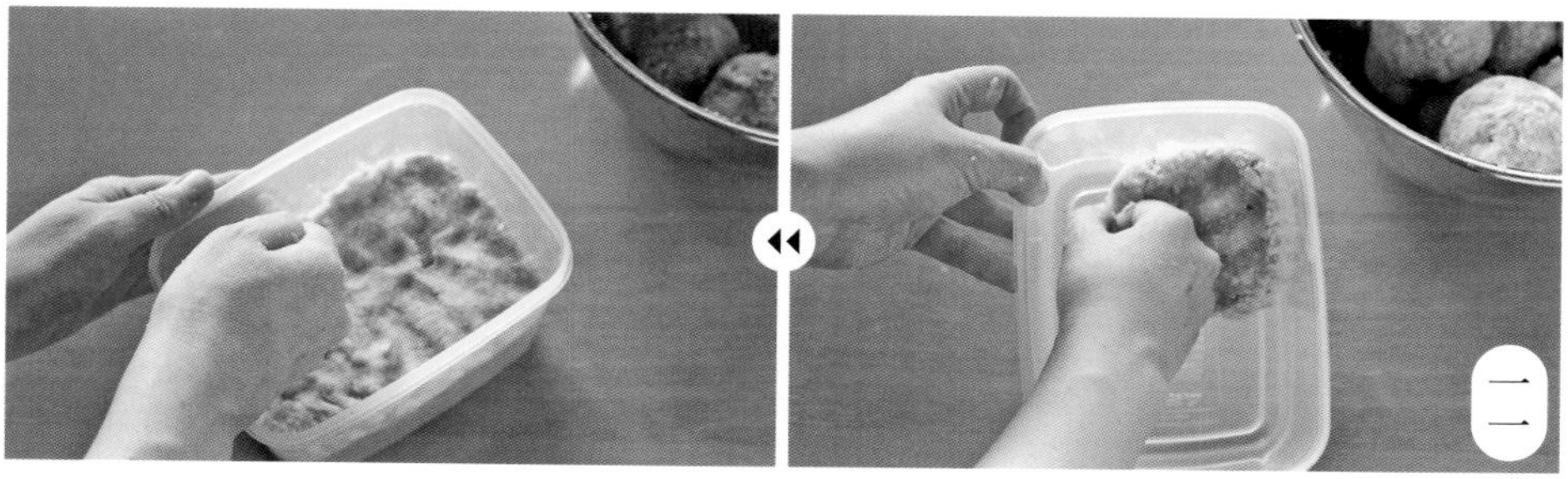

一一

清潔な保存容器に一〇を1個ずつ入れ、にぎりこぶしでギューッと押して空気を抜きながら、すき間ができないよう詰めていく。

一二

表面を平らにならす。側面についたみそはカビ防止のため、きれいにふき取る。

一三

空気に触れるとカビやすくなるので、取っておいた粗塩を表面にふり、ラップをぴっちりとかぶせる。

一四

重石（ここでは1kg入りの塩）をのせ、ふたをする。なるべく温度が一定な場所におき、4カ月〜好みによって3年熟成させる。

・1〜2カ月おきに中を確認し、もしカビが生えていたら清潔なスプーンで取り除く。
・色や味をみて、好みの熟成具合になったら、冷蔵庫に移して保存する。

淡い色は4カ月、濃い色は3年目のみそ。熟成期間によって色もこんなに違います。

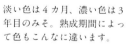

目次

2 はじめに

春夏秋冬の手しごと

春
4 いちごジャム
6 いちごバター
夏
8 梅干し
12 白干し梅
13 梅の甘露煮
秋
14 栗の渋皮煮
16 マロンペースト
冬
18 寒仕込み みそ

春の手しごと

28 ゆでたけのこ
28 たけのこ水煮
30 たけのこ水煮で 和風メンマ
31 たけのこ水煮で たけのこの炊き込みごはん
32 ふきの水煮
33 ふきの水煮で ふきの炒め煮
33 ふきの水煮で ふきナムル
34 春野菜の和風ピクルス
36 ザワークラウト
38 うどのきんぴら
39 うどとえびのぬたえ（ぬたあえ）
40 せり蒸し
41 せり鍋

夏の手しごと

44 らっきょうの塩漬け（下漬け）
45 らっきょうの塩漬けで　らっきょうの甘酢漬け
46 新しょうがの甘酢漬け
47 みょうがの甘酢漬け
48 夏の干し野菜
50 夏の干し野菜で　ラタトゥイユ
51 夏の干し野菜で　揚げ野菜のちらしずし
52 角切りなす漬け
53 きゅうりの一本漬け
54 桃のシロップ漬け

秋の手しごと

58 いろいろきのこのなめたけ
59 きのこペースト
60 干し柿
62 たっぷりねぎのさんまコンフィ
64 いくらのしょうゆ漬け
66 ジンジャーシロップとしょうが糖
68 ジンジャーシロップで　鶏といろいろきのこの甘辛煮
69 ジンジャーシロップで　ジンジャーチャイ
69 しょうが糖で　しょうが糖ヨーグルト

冬の手しごと

72 割干し大根
74 割干し大根で はりはり漬け
75 かぶの浅漬け
76 ゆずこしょう
77 手作りポン酢
78 みかんのシロップ漬け
80 レモンカード
81 きんかん蜜煮
82 キャラメルりんご／キャラメルりんごとチーズのパイ

一年中楽しめる手しごと

84 ぬか漬け
88 手打ちうどん
90 ざる豆腐
92 そばつゆ

私のとっておき 郷土の保存食

93 豚みそ
94 べっこうしょうゆ／べっこうずし
95 鯖そぼろ／丹後のばらずし

表記について

- 計量カップはカップ１＝200mℓ、計量スプーンは大さじ１＝15mℓ、小さじ１＝5mℓです。１合は180mℓです。
- ことわりのない場合、塩は精製塩、砂糖は上白糖、しょうゆは濃口しょうゆ、酒は日本酒を指します。
- 電子レンジの加熱時間は600Wを使用した場合の目安です。お使いの電子レンジのW数が異なる場合は、500Wでは1.2倍、700Wでは0.8倍を目安にしてください。
- 各レシピ記載の「保存容器」は、完成したものを入れるのに適した容器のサイズです。
- 保存期間は目安です。

あると便利な道具

たらい・ボウル

広口で大きめサイズのたらいやボウルは、食材を洗ったり、吸水させたりと大活躍。ホーロー製なら鍋代わりに煮沸もできます。

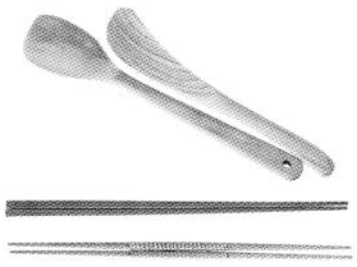

へら・菜箸

保存食を作るときはもちろん、保存食を取り分けるときも清潔なものを使いましょう。事前にアルコールでふいておくと安心。

盆ざる

食材を広げられる浅めの盆ざるは、梅の土用干しや野菜を干すときに便利。昔ながらの竹製のほか、ステンレス製もあります。

ジッパーつき保存袋

量が少なめならジッパーつき保存袋も便利。ぬか漬けや白干し梅のように、保存袋でそのまま漬けられるレシピもあります。

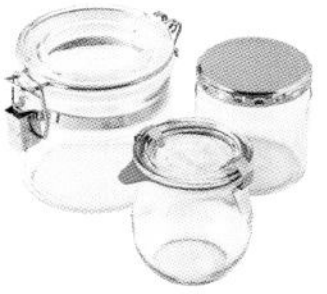

保存瓶

長く保存したいジャムや水煮の保存は耐熱性のガラス瓶で。煮沸による消毒や脱気ができるので、保存性が高まります。

鍋

酢や柑橘類を使う料理やジャム作りには、酸に強いホーローかステンレス製のものを使いましょう。

おいしい保存のために

保存食作りのポイントは、カビたり、傷ませないための消毒。
保存容器だけでなく、調理で使う道具も清潔なものを使いましょう。

保存容器を清潔に

アルコールで消毒

アルコール度数が高い消毒液や焼酎をスプレーするかキッチンペーパーに染み込ませ、保存容器の内側を丁寧にふく。

煮沸して消毒

(一) 大きめの鍋の底に、破損防止のため清潔なふきんなどを敷き、保存瓶とふたを入れ、かぶる程度に水を入れて火にかける。沸騰したら5分ほど煮沸して火を止める。

水面から瓶がはみ出てしまう場合は、湯をすくって上からかけながら煮沸する。

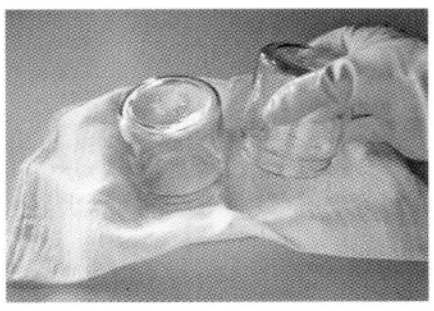

(二) やけどに注意しながら、耐熱性のゴム手袋やトングなどで清潔なふきんの上に取り出し、瓶の口を下にして自然乾燥させる。

長期保存のための煮沸脱気

ジャムやシロップ漬け、水煮などは、瓶ごと加熱して中の空気を除去する「脱気」を行うことで保存性を高め、長期間おいしく保存することができます。

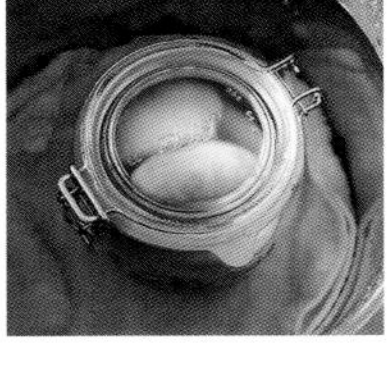

(一) 瓶がすっぽり入る深さの鍋を用意し、ふきんなどを敷いて瓶をおく。かぶるくらいの水を入れて強火にかけ、沸騰したらブクブク煮立つ程度の火加減にし、約30分加熱する。水量が減ったら、瓶に直接当たらないように水を足す。

(二) やけどに注意しながら、熱いうちに耐熱性のゴム手袋や専用のグラスリフターなどで瓶を取り出し、冷ます。

煮沸脱気で長期保存できるレシピ

いちごジャム／4ページ　栗の渋皮煮／14ページ
たけのこ水煮／28ページ　桃のシロップ漬け／54ページ
みかんのシロップ漬け／78ページ

春の手しごと

厳しい冬の寒さから解放され、
あちこちで命が芽吹き始める春。
みずみずしい野菜や果物、香り豊かな山菜は
新しい季節を迎えた喜びに満ちています。
「春の皿には苦味を盛れ」という言葉もあるように、
この時期の食べ物だけが持つえぐみや苦みは
身体をほどよく刺激し、目覚めさせる力を持っているそう。
春しか出会えないおいしさを逃がさないように
いろいろな手しごとを楽しんでみてください。

ゆでたけのこ＆水煮

旬のおいしさをそのまま味わうゆで方と、より長く楽しめる自家製水煮をご紹介。市販のものに比べ、酸味が気になることもありません。買ってきたらとにかく早く、アクが回らないうちに調理するのが最大のポイントです。

ゆでたけのこ

材料（作りやすい分量）

たけのこ…２～３本（約1300g）
米ぬか…カップ½
赤とうがらし…１本

作り方

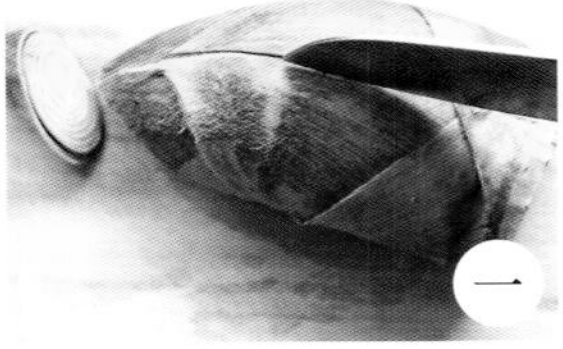

一　たけのこはたわしで表面の汚れを洗い、先端を斜めに切り落とす。先端から根元にかけ、1cmほどの深さで縦に切り込みを入れる。

二　鍋に米ぬか、赤とうがらし、一を入れてかぶるくらいの水を入れ、落としぶたをして強火にかける。沸騰したら火を弱め、約1時間グツグツゆでる。ゆで汁が減ったら水を足す。

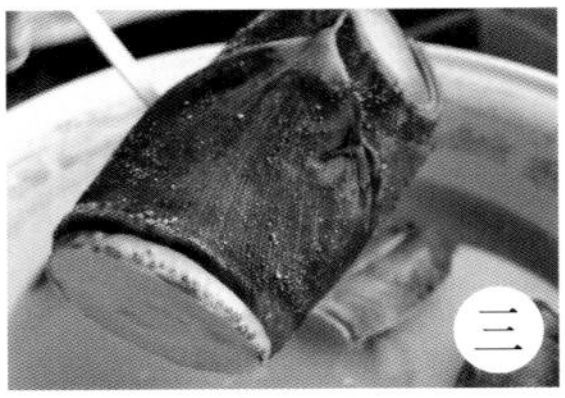

三　たけのこの下部分に楊枝を刺してみて、スッと刺せるようになればＯＫ。火を止めてそのまま冷ます。

四　切り込みを入れた根元のほうから皮をむく。穂先の近くは慎重に。

五　穂先の内側の姫皮は、少し食べてみて繊維が気にならないところは残す。

六　根元のかたい皮やブツブツした部分を包丁で除く。ゆで汁を入れた保存容器に入れ、冷蔵庫で3～4日保存可能。

たけのこ水煮

材料（作りやすい分量）

ゆでたけのこ…６５０g
水…適量

作り方

一　ゆでたけのこは適当に切り分け、清潔な保存瓶に詰める。かぶるくらいの水を入れ、ふたを閉める。

二　保存性を高めるために脱気する。瓶がすっぽり入る深さの鍋を用意し、ふきんを底に敷いて一をおく。かぶるくらいの水を入れて強火にかけ、沸騰したらブクブク煮立つ程度の火加減にして40分加熱する。水量が減ったら、瓶にかからないように水を足す。

三　耐熱性のゴム手袋か専用のグラスリフターなどで瓶を取り出し、冷ます。

保存
冷暗所で約6カ月保存可能。一度開けたら冷蔵庫に移し、3～4日で食べきる。

春

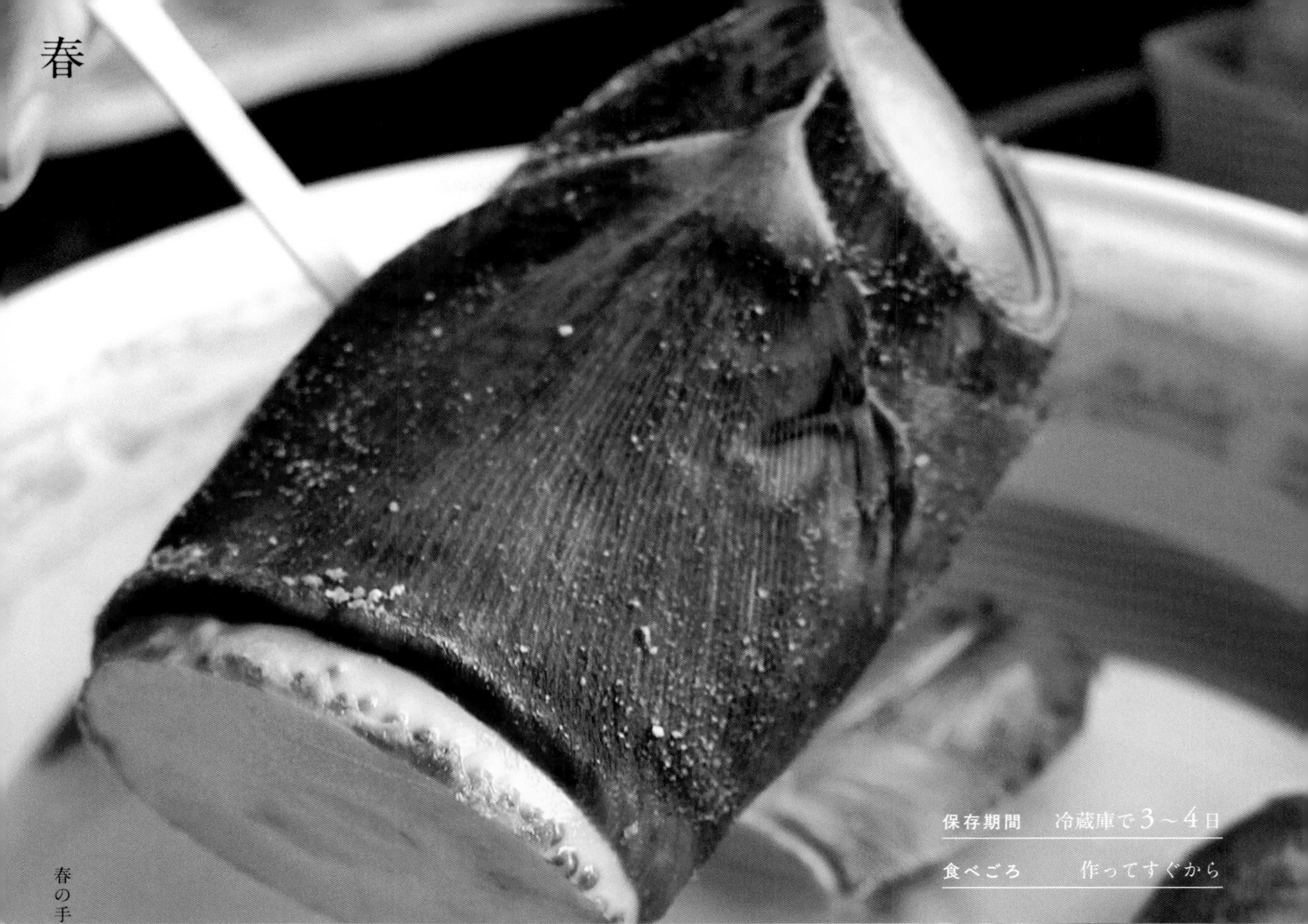

保存期間　冷蔵庫で3～4日

食べごろ　作ってすぐから

保存期間　常温で約6カ月

保存容器　500mℓの保存瓶×2

保存期間　冷蔵庫で約1週間

食べごろ　作ってすぐから

たけのこ水煮で

和風メンマ

たけのこを炒めてからかつおだしで煮て、シャキシャキ食感のメンマに。お酒やごはんはもちろん、ラーメンやうどんにも◎。

材料（4人分）

たけのこ水煮…200g

A
- 削り節…ひとつかみ
- 水…300mℓ

B
- きび砂糖（または砂糖）、酒、しょうゆ…各大さじ1

赤とうがらし…1本

ごま油…大さじ1

（好みで）長ねぎ、ラー油…各適量

作り方

一 耐熱ボウルにAを入れ、ラップをかけて電子レンジで3分加熱する。茶こしかキッチンペーパーでこしてかつおだしをとる。

二 たけのこ水煮は3㎜幅の細かいくし形切りにする。

三 鍋にごま油、赤とうがらしを入れて中火にかけ、たけのこを炒める。油が回ったら一とBを加え、落としぶたをして汁気がなくなるまで煮る（写真）。

四 器に盛り、好みで長ねぎを白髪ねぎにして添え、ラー油を回しかける。

すぐ食べてもいいですが、ひと晩おくとさらに味がなじみます。１週間ほど冷蔵保存も可能。

たけのこ水煮で

たけのこの炊き込みごはん

炊き込みごはんは、おこげも楽しみのひとつ。
お米をしっかり浸水させると芯までふっくら炊きあがります。

材料（4人分）

たけのこ水煮…200g
油揚げ…1枚
米…2合
A だしパック…1パック
　水…450mℓ
B しょうゆ…大さじ1
　みりん…大さじ2
　塩…小さじ1/2
（好みで）葉山椒…少量

作り方

一 米は洗って30分以上浸水させ、ざるにあげておく。

二 たけのこ水煮は穂先と根元に切り分け、穂先は5㎜厚さのくし形切り、根元は2～3㎜厚さのくし形に切る。油揚げは1㎝角に切る。

三 小鍋に二とAを入れて中火にかけ、沸騰したらBを加える。弱火で2～3分煮て火を止め、だしパックを取り出して冷ます。

四 炊飯器か厚手の鍋に、米とB、三のだし380mℓを入れ、その上にたけのこ、油揚げをのせて普通に炊く（写真）。

五 炊きあがったら上下を返すように混ぜ、器に盛る。好みで葉山椒を手でパンとたたき、香りを出してからのせる。

たけのこと油揚げをバランスよくごはんにのせたら、もう混ぜないように。仕上がりが美しくなります。

ふきの水煮

ふきの香りとほろ苦さがしっかりと感じられる、自家製の水煮。
炒め煮やナムルなど、さまざまな料理に展開できます。
塩もみの塩をつけたままゆでることで色鮮やかに。

保存期間	冷蔵庫で約1週間
保存容器	16×20cmの保存容器
食べごろ	作ってすぐから

材料(作りやすい分量)

ふき…1束(300g)
塩…小さじ1

作り方

一 ふきは鍋の大きさに合わせて切る。まな板にふきをのせ、塩をまぶして手のひらでコロコロ転がしてなじませる。

二 鍋に湯を沸かし、2分ほどゆで、すぐに冷水にとる。

三 ふきの端の方から筋をつまみ、何筋か束ねてからむく(写真)。

保存

保存容器に水をはってふきを入れ、水を替えながら冷蔵庫で約1週間。

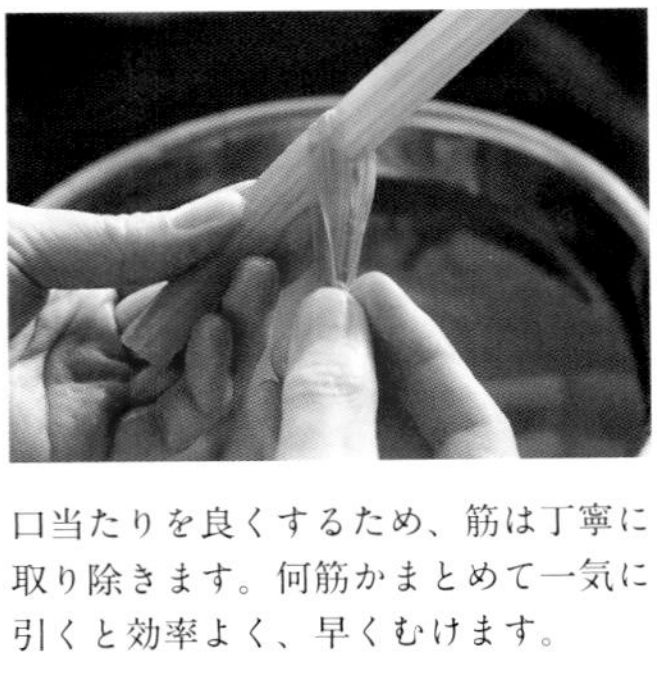

口当たりを良くするため、筋は丁寧に取り除きます。何筋かまとめて一気に引くと効率よく、早くむけます。

春

ふきの水煮で

ふきの炒め煮

ふき特有の歯ざわりを堪能するなら、まずはこれ。
晩酌にもお弁当にも使える定番レシピです。
ごま油はいちばん最後に加え、香ばしさを際立たせて。

材料（３人分）

ふきの水煮…230g
サラダ油…小さじ2
A だし（好みのもの）…150mℓ
　砂糖、みりん…各大さじ1
　薄口しょうゆ…大さじ1½
赤とうがらし（小口切り）…適量
ごま油…適量

作り方

一 ふきは水気を取って3cm長さに切る。

二 鍋にサラダ油を中火で熱し、ふきを炒める。油が回ったらAと赤とうがらしを加えて煮る。

三 煮汁が少なくなったら、ごま油をひと回しして火を止める。

ふきの水煮で

ふきナムル

ふきの水煮さえあれば、火を使わなくても作れる
クイックレシピ。やみつきになる香りと食感です。
一品あるだけで春めいた食卓になりますよ。

材料（３人分）

ふきの水煮…180g
A 塩…小さじ⅓
　ラー油…適量
白すりごま…大さじ１
（好みで）焼きのり…適量

作り方

一 ふきは5mm厚さの斜め切りにする。

二 一をボウルに入れ、Aを加えて混ぜる。白すりごまも加えてあえる。

三 好みで焼きのりをちぎって散らす。

春野菜の和風ピクルス

やわらかくてやさしい甘さの春野菜を目にも鮮やかな和風ピクルスに。だしをきかせているので、強い酸味が苦手な人でも食べやすいお味です。保存瓶に合わせてスティック状に切ると、横から見ても上から見てもカラフルできれい。

保存期間	冷蔵庫で約2週間
保存容器	500mℓの保存瓶
食べごろ	6時間後から

材料（作りやすい分量）

- 新ごぼう…½本
- 春にんじん（赤・黄合わせて）…½本分
- レディサラダ…¼本（またはラディッシュ3個）
- うど…¼本
- セロリ…½本
- 塩…小さじ¼
- A
  - 米酢…150mℓ
  - 水…50mℓ
  - 砂糖…65g
  - 赤とうがらし…1本
  - 粉末だしパック（袋から出す）…½パック（4g）
  - 塩…小さじ½
- だし昆布…5g

作り方

一　Aは耐熱ボウルに入れてよく混ぜ合わせる。ラップをかけて電子レンジで3分加熱する。

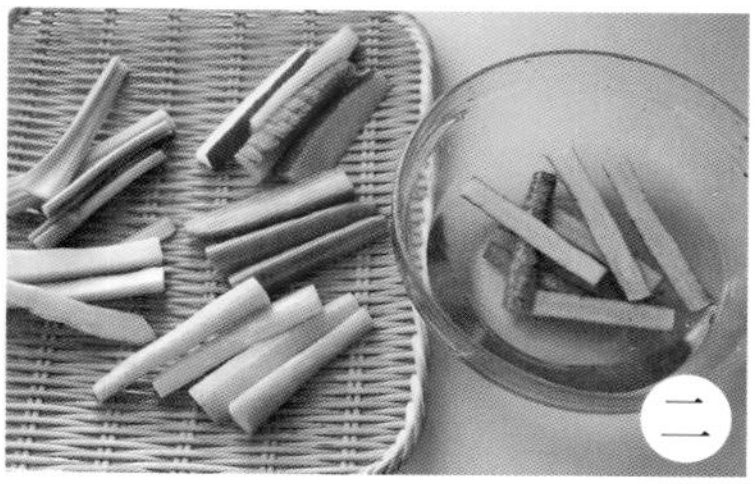

二　新ごぼうは包丁の背で皮をこそげ、保存瓶に合わせた長さに切り、さらに縦4〜6等分に切って水にさらす。うどは皮を厚めにむき、春にんじん、レディサラダ、セロリも新ごぼうと同様に切りそろえる。

三　新ごぼう以外の**二**をボウルに入れ、塩を加えて手で混ぜ、約5分おいて水気をきる。

四　鍋に湯を沸かし、新ごぼうを2分ほどゆで、ざるにあげて湯をきる。

五　**三**、**四**を清潔な保存瓶に入れ、**一**を注ぎ、だし昆布を入れる。冷蔵庫で6時間以上なじませる。

ザワークラウト

みずみずしくやわらかい春キャベツで、
ドイツの代表的なお漬物レシピに挑戦！
春キャベツは冬キャベツよりも発酵しやすく、お手軽です。
乳酸発酵による、やさしくさわやかな酸味が特徴。
塩でもんで放置するだけなのに
「どうしてこんなにおいしくなるの？」と
発酵の力に驚かされます。お腹の調子を整えたり、
免疫力アップなど、日々の腸活にもおすすめです。

保存期間	冷蔵庫で約10日
保存容器	1ℓの保存瓶
食べごろ	7〜10日後から

材料（作りやすい分量）

春キャベツ…１玉（約1kg）
塩…16〜23g（キャベツの正味量の2〜3%）

作り方

一 春キャベツはよく洗い、外葉をはずして取っておく。4等分に切り、芯を除いてからせん切りにする。

二 切り終わったキャベツの重さを量り、その2〜3%の塩を用意する。キャベツをボウルに入れ、塩をふり入れ、にぎるようにもみ込み、全体になじませる。

三 キャベツがしんなりして水分が出てくるまで、10分ほどおく。

四 ボウルを傾けてキャベツから水分が出ているか確認し、清潔な保存瓶に詰める。にぎりこぶしでプレスするように押し込み、残った水分もすべて入れる。

五 取っておいた外葉を瓶の大きさに合わせて折りたたみ、上にのせる。せん切りキャベツが空気に触れないように、外葉を漬け汁に沈ませてぎゅっと押し込む。

六 軽くふたをかぶせ（完全には閉めない）、直射日光を避けて常温におき、7〜10日ほど発酵させる。

保存

漬け汁がにごり、さわやかな酸っぱい香りがしたら食べごろ。好みの漬かり具合になったら冷蔵庫で保存し、10日ほどで食べきる。

春

うどのきんぴら

シャキシャキの歯ざわりと、口いっぱいに広がるフレッシュなほろ苦さ。
うどを味わうなら、まずはきんぴらがおすすめです。
皮ごと使えてアクも気にならず、すぐに作れる一品です。

材料（3〜4人分）

うど…1本（250g）
にんじん
…½本（120g）
米油（またはサラダ油）
…大さじ1

A
きび砂糖
…大さじ1½
しょうゆ…大さじ1
みりん…大さじ1

ごま油…小さじ2
白いりごま…小さじ1

作り方

一 うどは緑の芽の部分は食べやすい長さに切る。変色した切り口は薄く切って除き、皮つきのまま3㎜厚さの斜め薄切りにし、さっと水に浸ける。

二 にんじんは皮つきのまま2㎜厚さの短冊切りにする。

三 フライパンを中火で熱し、米油を入れてにんじんを炒め、しんなりしてきたら水気をきったうどを加えてさっと炒める（写真）。Aを加えてからめ、汁気がなくなったらごま油を回しかける。

四 器に盛り、白ごまを指でひねりながらかける。

うどは生でも食べられるので短時間の加熱で大丈夫。みずみずしさを残してさっと炒めましょう。

うどとえびのぬたえ（ぬたあえ）

うどの苦みとわけぎの甘さ、酢みそのさわやかさがひとつに。
ぬたみその分量はあくまで目安。
酢や砂糖の量を調節して「我が家の味」を探してみてください。

材料（4人分）

うど…1/3本
えび…8尾（約100g）
塩…ひとつまみ
わけぎ…1/2束
A
　白みそ…大さじ2
　砂糖…小さじ2
　練り辛子…小さじ1
B
　酢…大さじ1
　みりん…小さじ1

作り方

一　えびは殻をむいて背ワタを除き、塩でもんで流水で洗う。

二　鍋に湯を沸かし、わけぎを白い部分から入れて、30秒ほどゆでる。湯をきって冷ます。続いて鍋にえびを入れ、色が変わるまでゆで、ざるにあげる。

三　わけぎは包丁の背でこそげてぬめりを取り、3cm長さに切る。えびは2〜3等分に切る。うどは皮をむき、2〜3cm長さの拍子木切りにし、色が変わらないよう酢水に浸けておく。

四　ぬたみそを作る。ボウルにAを入れてよくすり混ぜ、Bを少しずつ加えて混ぜる。わけぎ、えび、水気をきったうどを入れてよくあえる。

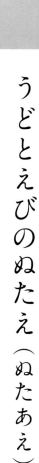

せり蒸し

秋田の郷土料理・せり蒸しは、私にとって懐かしい味。
さっぱりしていて、あと一品の副菜にも最適です。
せりはさっと蒸す程度にして、シャキッと感を残すのがポイント。

せりはよく洗って土を落とし、香ばしい根も丸ごといただきます。

材料（2〜3人分）

せり…1束
糸こんにゃく…170g
しいたけ…3枚
油揚げ…1枚
水…カップ1
だしパック…1パック
A しょうゆ…大さじ1
　酒…大さじ1
　みりん…大さじ1

作り方

㊀ 糸こんにゃくは食べやすい長さに切って下ゆでする。油揚げは湯をかけて油抜きをし、短冊切りにする。しいたけはせん切りにする。

㊁ せりは根をたわしなどでよく洗い、食べやすい長さのざく切りにする（写真）。根元が太い場合は縦半分に切る。

㊂ 小鍋に分量の水とだしパックを入れて火にかけ、5分ほど煮出し、Aを加える。一とせりの根を入れて5分ほど煮る。

㊃ せりの葉と茎を入れてふたをし、2〜3分蒸し煮にする。

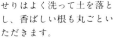

せり鍋

仙台の名物鍋として人気を博している「せり鍋」。せりは、香りの強い根っこも丸ごと食べるのが本場流です。先に根を煮ておき、仕上げに葉と茎を加えましょう。

材料（3人分）

せり…1束
まいたけ…150g
木綿豆腐…1丁
長ねぎ…1本
鶏もも肉…280g
砂糖…小さじ1
塩…小さじ1/2

A
だし昆布…15g
だしパック…1パック
水…カップ3

B
しょうゆ…50㎖
砂糖…大さじ1
酒…大さじ1
塩…小さじ1/4

作り方

一 せりは根の部分をよく洗ってからざく切りにする。まいたけは小房に分け、豆腐は食べやすい大きさに切る。長ねぎは斜め切りにする。

二 鶏肉は大きめのひと口大に切り、砂糖、塩をもみ込む。

三 鍋に**A**と**二**を入れ、ふたをして中火にかける。煮立ったらアクを除き、昆布とだしパックを取り出す。**B**を加え、豆腐、長ねぎ、まいたけ、せりの根を加えて煮る。

四 仕上げにせりの葉と茎を加えてふたをし、さっと煮る。

夏の手しごと

気温と湿度がどんどん高くなる日本の夏。
身体が自然と欲するようになる食べ物があります。
さっぱりとした梅干しやらっきょう漬け、
香り高いみょうが、しょうがの甘酢漬けなどはその代表格。
いずれも疲労回復や食欲増進を促し、
夏の不調を遠ざけてくれます。
先人の知恵に学び、これらの保存食を手作りして
夏を元気に乗りきりたいもの。
旬のものを頂くことが何よりの養生ごはんになります。

らっきょうの塩漬け（下漬け）

初夏の味覚・らっきょう。甘酢漬けの前に下漬けをしますが、実はこのまま食べてもおいしいのです！
半分は塩漬け、半分は甘酢漬けにと、2つの味を楽しんでみては？

保存期間	冷蔵庫で約3カ月
保存容器	1.5ℓの保存容器
食べごろ	1日後から

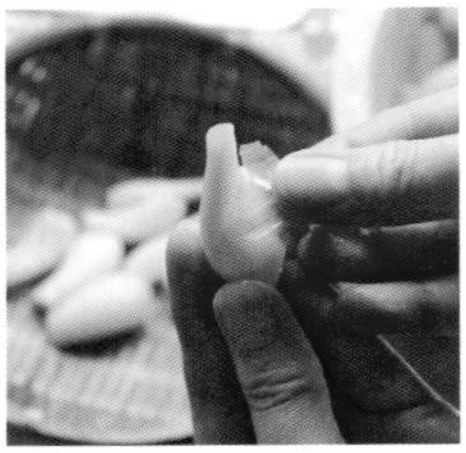

かための薄皮をむくと口当たりがよくなります。このとき、傷んでいるらっきょうがあれば取り除いて。

材料（作りやすい分量）

らっきょう…1kg
粗塩…約43g
（らっきょうの正味量の5%）
水（一度沸かして冷ましたもの）
…カップ1

作り方

一 らっきょうは大きめのボウルなどに入れてこすり洗いし、1片ずつに分ける。ひげ根を浅く切り落とし、芽側の長い部分も切り落とす。

二 **一**をボウルに戻し入れ、水に浸けて傷めない程度に両手でこすり洗いして薄皮を除く。ざるにあげて残った皮を除き、らっきょうの重さを量り、5%の粗塩を用意する。

三 ボウルにらっきょうを入れ、粗塩をふり入れる。ボウルをあおるようにして全体に塩をまぶす。

四 清潔なホーローかガラスの保存容器に**三**のらっきょうを入れる。分量の水をボウルに流し入れ、残った塩ごと保存容器に加える。

五 上からラップをかけ、1kgの重石をのせて冷蔵庫でひと晩漬ける。重石をしない場合や、らっきょうのサイズが大きめの場合は2～3日漬ける。

らっきょうの塩漬けで

らっきょうの甘酢漬け

カレーにあるとうれしい、らっきょうの甘酢漬け。
刻んでタルタルソースやポテトサラダに加えるのもいいですね。
自家製だと甘さが調整でき、時間とともに甘酢がなじむ過程を楽しめます。

保存期間	冷蔵庫で約1年
保存容器	500mℓの保存瓶
食べごろ	2日後から

材料（作りやすい分量）

らっきょうの塩漬け…300g
赤とうがらし…2本
甘酢
- 砂糖…70g
- 米酢…カップ1

作り方

一　らっきょうの塩漬けは汁気をきり、清潔な保存瓶に入れる。赤とうがらしは半分に切って種を除き、上にのせる。

二　小鍋に甘酢の材料を入れて火にかけ、砂糖が溶けて沸騰したらすぐに火を止めて冷ます。

三　**二**を**一**に注ぎ入れてふたをし（写真）、冷蔵庫で2〜3日漬ける。1〜2週間おくとより食べやすくなる。

甘酢は一度沸騰させて酸味をまろやかにし、冷ましてかららっきょうに注ぎます。

新しょうがの甘酢漬け

さっぱりとした香りは、おすしに添えるだけでなく、常備菜としても。しょうが、お酢とともに防腐作用があるので、お弁当にも大活躍。ゆでたしょうがを熱いうちに漬けることで、美しい色に染まります。

保存期間	冷蔵庫で約2カ月
保存容器	1ℓの保存瓶
食べごろ	1日後から

新しょうがは皮が薄いので、包丁ではなくスプーンを使ってむくほうがスムーズに早くむけます。

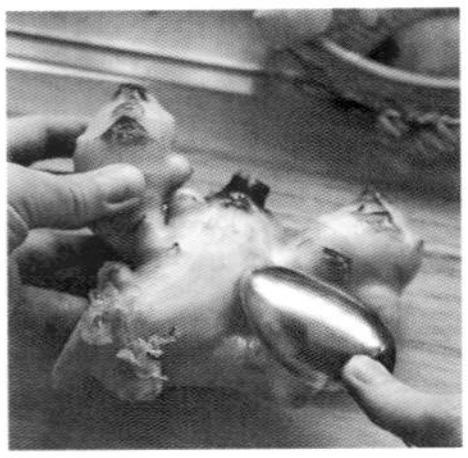

材料（作りやすい分量）

新しょうが…500g

甘酢

米酢…200mℓ

きび砂糖…100g

粗塩…20g

作り方

一　小鍋に甘酢の材料を入れて火にかけ、沸騰したらすぐに火を止めて冷ます。

二　新しょうがはスプーンで表面を軽くこそげるように皮をむく（写真）。

三　節を切り分け、汚れた部分やかたい節は除く。先端の赤い部分は色づけ用に残しておく。スライサーか包丁で繊維に沿って1㎜ほどの薄切りにする。

四　鍋にたっぷりの湯を沸かして**三**を入れ、1分ほどゆでる。ざるに広げて粗熱をとる。

五　使い捨て手袋をつけ、新しょうがが熱いうちに水気をしぼる。清潔な保存瓶に入れ、**一**の甘酢を注ぎ入れ、完全に沈めてふたをする。冷蔵庫で1日～2週間漬ける。

みょうがの甘酢漬け

冷蔵庫にストックしておくととても便利。
焼き魚のあしらいにしたり、刻んであえ物にしたり……。
鮮やかなピンク色がお料理を引き立てます。

保存期間	冷蔵庫で約2週間
保存容器	500mlの保存瓶
食べごろ	6時間後から

みょうがは漬ける前にさっとゆでると雑味が取れて食べやすくなり、日持ちもしやすくなります。

材料（作りやすい分量）

みょうが…12本

甘酢

米酢…100ml
水…60ml
砂糖…大さじ5
塩…小さじ1強

作り方

一　小鍋に甘酢の材料を入れて火にかけ、沸騰したら火を止めて冷ましておく。

二　みょうがは切り口を薄く切り落とし、縦半分に切る。鍋に湯を沸かし、みょうがを10秒ほどゆで、ざるにあげる。

三　清潔な保存瓶に甘酢を入れ、熱いうちにみょうがを加える。ふたをして瓶を傾け、みょうがが全体に甘酢をなじませる。冷蔵庫で6時間ほど漬ける。

白ごまや削り節を入れたごはんにのせて、みょうがずしにしても！

夏の干し野菜

旬の時期に野菜をたくさん買ってしまったら、
ちょっと干してみませんか?
それだけで旨みと甘みが凝縮され、
びっくりするほどおいしくなるんです。
干し加減は、セミドライ～ドライまでお好みで。
カットずみで火の通りも早いので、
調理時間が短縮できるというれしいおまけも。
忙しい日の強い味方になってくれますよ。

保存期間　冷蔵庫で3～4日

食べごろ　6時間後から

材料（作りやすい分量）

なす…２本
かぼちゃ…⅙個
さやいんげん…10本
ズッキーニ…１本
ゴーヤ…１本
オクラ…５本
玉ねぎ…１個
ミニトマト…10個
パプリカ（赤・黄）…各１個

作り方

一　なすは5㎜厚さの輪切りにし、水に5分ほど浸けてアクを抜く。干す前に水気をよくふく。かぼちゃは種とワタを除き、3㎜厚さに切る。

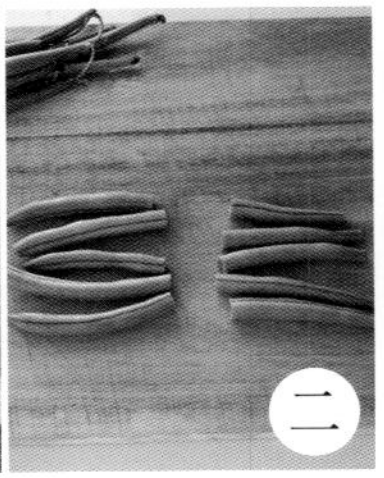

二　さやいんげんは先端を切り落とし、食べやすい大きさに切る。ズッキーニは5㎜厚さの輪切りにする。

三　ゴーヤは5㎜厚さの輪切りにする（種は乾燥すると自然に取れる）。玉ねぎは3㎜厚さの薄切りかひと口大の乱切りにする。オクラはがくを薄くむき、２㎝厚さに切る。

四　ミニトマトはヘタを除き、縦半分に切る。パプリカはヘタと種を除き、ひと口大の乱切りにする。

五　野菜を重ならないように盆ざるに並べ、天気の良い日に、風通しの良い日の当たる場所で干す。パプリカ、トマトは6時間干して取り入れる。その他は好みの乾き具合になるまで6時間から3日ほど干す。

・数時間ごとに裏返すとよい。
・室外で干す場合、夜は室内に取り込む。
・干したものの天候が悪かったり、湿度が高い場合はオーブンに切り替えて。100℃のオーブンで20分～１時間ほど加熱し、乾燥させる。

保存

保存容器に入れて冷蔵庫で保存し、３～４日で食べきる。

夏

夏の干し野菜で

ラタトゥイユ

干し野菜を使えば、煮込み時間はなんと5分！
ギュッと凝縮された野菜の甘みと香りがたまりません。
冷やしてから食べるのもおすすめ。

材料（2〜3人分）

干し野菜

ミニトマト…10個分
ズッキーニ…1本分
なす…1本分
パプリカ（赤・黄）…各½個分
玉ねぎ…½個分

にんにく…1片
オリーブオイル…大さじ2〜3
ローリエ…1枚

A
白ワイン（または酒）…50mℓ
トマトケチャップ…大さじ1
塩…小さじ½

作り方

一　干し野菜を用意する。

二　にんにくは薄切りにし、オリーブオイルとともに鍋に入れて弱火にかける。香りが出てきたら**一**、ローリエを加えて中火で炒める。

三　全体に油が回って色鮮やかになったら**A**を加え、5分ほどふたをしないで煮る。水気が飛んだら完成。

夏の干し野菜で

揚げ野菜のちらしずし

ビタミンカラーがおしゃれなベジちらし。干し野菜を素揚げすることでさらに味が濃くなって、深い満足感を得られます。栄養もたっぷり。

材料（2人分）

干し野菜
かぼちゃ…30g
さやいんげん…5本分
なす…1本分
パプリカ（赤・黄）
…各1/4個分

温かいごはん…400g
すし酢…大さじ3
みょうが…1本
青じそ…2〜3枚
白いりごま…小さじ1
めんつゆ（3倍濃縮）
…大さじ3
揚げ油…適量

作り方

一 フライパンに180℃の揚げ油を熱し、干し野菜を入れて鮮やかになるまで1分ほど素揚げして油をきる。

二 バットにめんつゆを入れ、**一**を熱いうちに加えてさっと浸し、取り出す（写真）。

三 ごはんにすし酢を加えて酢飯を作る。みょうがと青じそをせん切りにして加え混ぜ、白ごまを指でひねりながら加える。

四 **三**を器に盛り、**二**をのせる。

野菜を揚げたら熱いうちにめんつゆへ。しょっぱくなりすぎないようにすぐ引きあげます。

保存期間　冷蔵庫で約1～2日

食べごろ　2～3時間後から

角切りなす漬け

味つけは塩のみ。シンプルだけど毎日食べても飽きない一番お気に入りのなすの漬け方です。盛りつけるとき水をはったり、氷を浮かべても涼やかですよ。

材料（作りやすい分量）

なす…2本
塩…小さじ2
焼きみょうばん…小さじ1
水…カップ1

作り方

一　なすは2㎝の角切りにし、ジッパーつき保存袋（M）に入れ、塩、焼きみょうばんを加えてもみ込む（写真）。

二　一に分量の水を加え、なるべく空気を抜いて口を閉じ、冷蔵庫で2～3時間漬ける。

焼きみょうばんは、色止めやアク抜き、煮崩れ防止に使われる食品添加物。なすの色を鮮やかにキープしてくれます。

きゅうりの一本漬け

懐かしい夏祭りを思い出させる、きゅうりの一本漬け。
キンキンに冷えたきゅうりに豪快にかぶりつくのが
何ともおいしい食べ方ですよね。

保存期間	冷蔵庫で1〜3日
食べごろ	3時間後から

材料（作りやすい分量）

きゅうり…5本
塩…小さじ½

A
水…カップ½
昆布茶（粉末）、酒、みりん
…各大さじ1
しょうゆ…小さじ1
塩…小さじ½

作り方

一 鍋にAを入れて火にかけ、煮立ったら火を止めて粗熱をとる。

二 きゅうりは両端を切り落とし、ピーラーで縞状に皮をむく。塩をふり、まな板の上で板ずりし（写真）、15分ほどおく。

三 きゅうりの水気をふき、ジッパーつき保存袋（L）に入れる。一を加えて空気を抜いて口を閉じ、3〜6時間ほど漬ける。好みで割り箸に刺す。

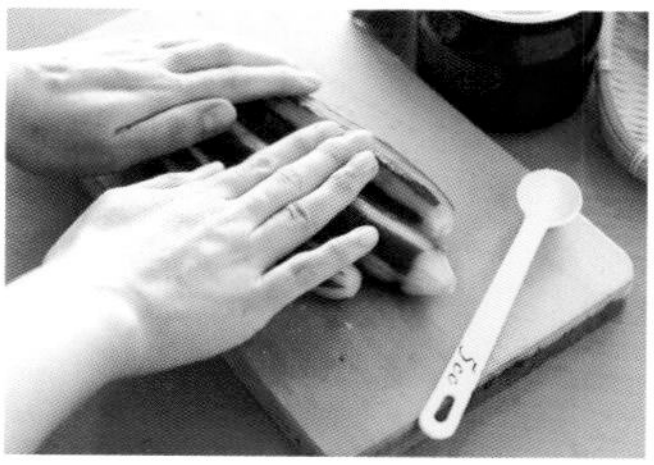

きゅうりを板ずりした後、水気をよくふき取ると青臭さが取れます。

桃のシロップ漬け

生の桃とはまた違う、とろけるような甘さは
シロップ漬けならでは。
ヨーグルトやアイスクリームと合わせたり、
お菓子やサングリアなどのお酒に展開したりと
アレンジは無限大です。
しっかり脱気して保存すれば、1年間いつでも味わえて
とても贅沢な気分に。おすそ分けにもおすすめです。

保存期間	常温で約1年
保存容器	1ℓの保存瓶
食べごろ	約7日後から

材料（作りやすい分量）

桃（ややかためのもの）… 4～5個
A　グラニュー糖（または砂糖）…200g
　　水…カップ1
レモン汁…小さじ2

作り方

一　小鍋にAを入れて中火にかけ、グラニュー糖が溶けたら火を止めてそのまま冷まし、粗熱がとれたらレモン汁を加える。

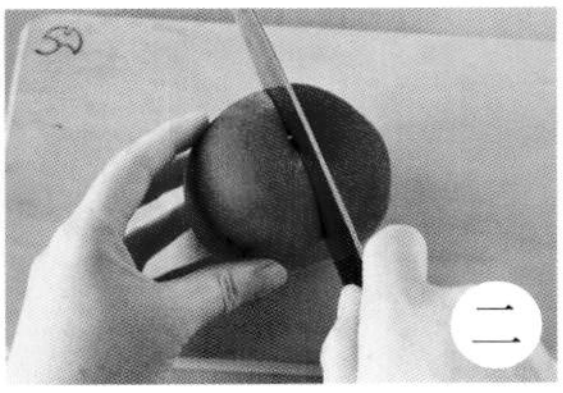

二　桃は縦に包丁を入れ、種に沿ってぐるっと切り込みを入れて両手でねじるように半分にする。

三　鍋に湯を沸かし、沸騰したら桃を1切れずつ網じゃくしで入れ、5秒ほど浸けて冷水に取り出す。

四　キッチンペーパーなどで桃の水気をふき取り、手で皮をむく。種はスプーンでくりぬいてはずす。保存瓶に合わせて切り分け、一のシロップに浸す。

五　清潔な保存瓶にすき間なく桃を詰め、シロップを瓶の口から2～3㎝下まで注ぎ、ふたをする。

六　保存性を高めるために脱気する。瓶がすっぽり入る深さの鍋を用意し、ふきんを敷いて五をおく。かぶるくらいの水を入れて強火にかけ、沸騰したらブクブク煮立つ程度の火加減で30分加熱する。水が減ったら足す。

七　耐熱性のゴム手袋か専用のグラスリフターなどで瓶を取り出し、冷ます。

保存

常温におき、7日ほど味をなじませる。そのまま約1年保存可能。一度開けたら冷蔵庫に移し、1週間以内に食べきる。

秋の手しごと

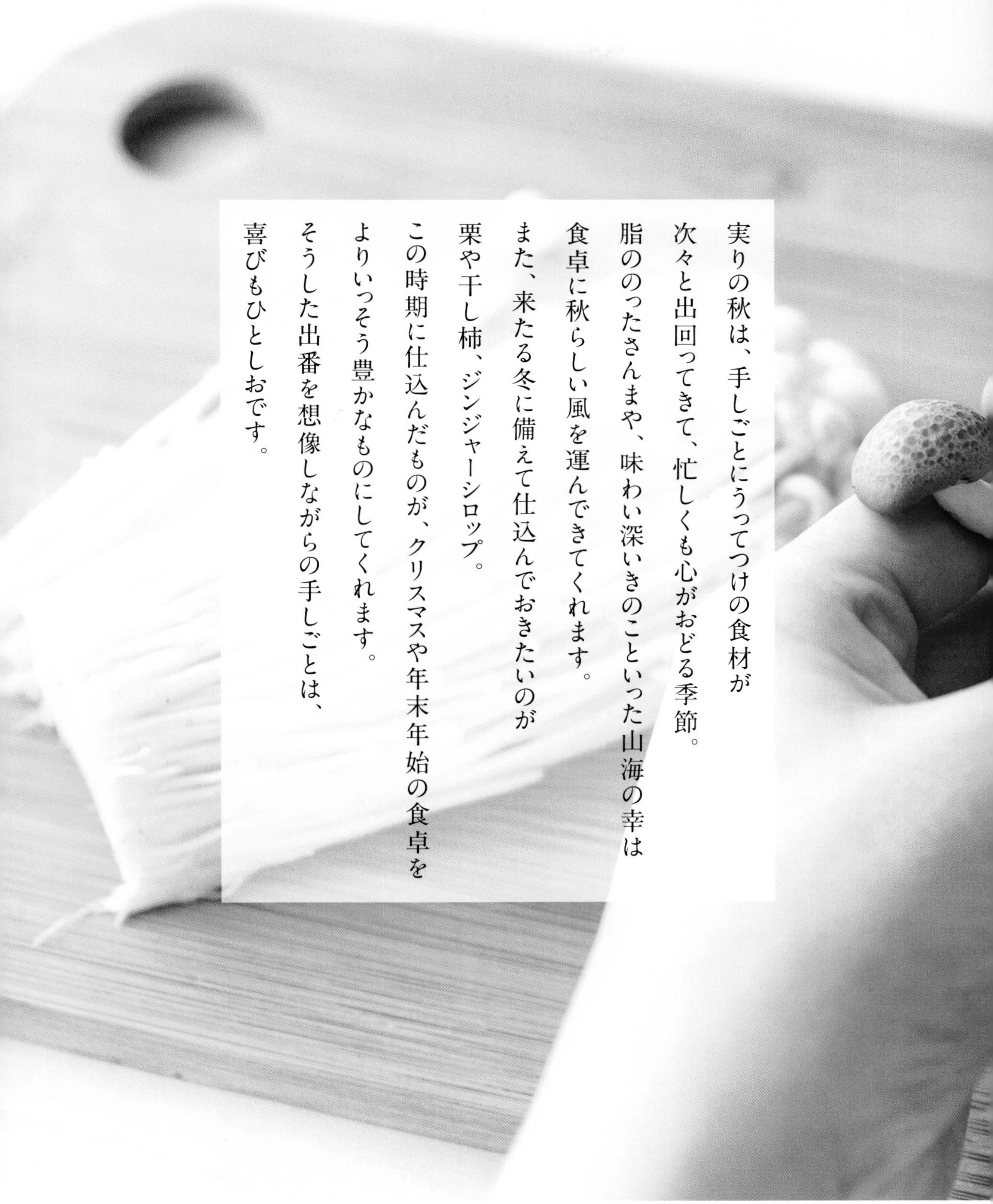

実りの秋は、手しごとにうってつけの食材が
次々と出回ってきて、忙しくも心がおどる季節。
脂ののったさんまや、味わい深いきのこといった山海の幸は
食卓に秋らしい風を運んできてくれます。
また、来たる冬に備えて仕込んでおきたいのが
栗や干し柿、ジンジャーシロップ。
この時期に仕込んだものが、クリスマスや年末年始の食卓を
よりいっそう豊かなものにしてくれます。
そうした出番を想像しながらの手しごとは、
喜びもひとしおです。

保存期間　冷蔵庫で約1週間

保存容器　300mlの保存容器

食べごろ　作ってすぐから

いろいろきのこのなめたけ

3種のきのこをミックスした、秋らしい自家製なめたけ。
きのこのとろみと甘辛さがマッチして、
炊きたてのごはんにのせるだけでも美味ですよ。

材料（作りやすい分量）

えのきたけ…100g
なめこ…100g
しめじ…100g
赤とうがらし…$\frac{1}{2}$～1本
A
　きび砂糖、酒、みりん
　…各大さじ2
　しょうゆ…大さじ3
米酢…小さじ1

作り方

一　えのきたけ、しめじは石づきを取り、2cm長さに切る。なめこはざるに入れて洗う。赤とうがらしは種を除く。

二　鍋に一、Aを入れて火にかける。中火で5分ほど煮詰め、仕上げに米酢を加え混ぜ、火を止める（写真）。清潔な保存容器に入れ、冷めたら冷蔵庫で保存する。

きのこの水分をしっかり煮詰めてから、
仕上げに酢を加えると味が締まります。

きのこペースト

複数のきのこの旨みとガーリックで後を引く味。
パンやクラッカーに塗ったり、お肉にはさんで焼いたり。
牛乳でのばしてきのこスープにするのがお気に入りです。

保存期間　冷蔵庫で約1週間
保存容器　300mlの保存容器
食べごろ　作ってすぐから

完全なペースト状にせず、形が残るくらいにしておくほうが料理にも活用しやすくベターです。

材料（作りやすい分量）

まいたけ、しいたけ、エリンギ、えのきたけ、しめじなど…合わせて500g
にんにく…1片
サラダ油（あれば米油）…大さじ2
塩…小さじ½
こしょう…少量

作り方

一　きのこ類は石づきを除き、ざっくりとほぐす。えのきたけは3cm長さに切る。にんにくはたたいてつぶす。

二　フライパンにサラダ油とにんにくを入れて中火にかけ、香りが出てきたらきのこを入れる。焼き色がつくまでじっくりと焼き、塩、こしょうで調味する。

三　フードプロセッサーかハンドミキサーで形が残る程度のペースト状にする（写真）。

四　冷めたら清潔な保存容器に入れ、冷蔵庫で保存する。

干し柿

一度は作ってみたい干し柿。柿が出回ったら始めどきです。
特別な道具も必要なく、干すだけなので
実は初めての方もチャレンジしやすい手しごとです。
毎日のお天気をみて移動させたり、
やわらかくするために柿をもんだり。
こまごまとお世話を焼きながら、おいしくしてゆく過程が
何ともいえず楽しいです。
クリームチーズやバターをはさめば、ワインのお供にも。

保存期間　冷蔵庫で約1週間
冷凍庫で約6カ月

食べごろ　約15日後から

材料（作りやすい分量）

柿…20個
（しっかり色づいてかたく傷がないもの。T字の枝つきのもの。甘柿でも渋柿でもよい）
焼酎（またはホワイトリカー）…適量

作り方

一　柿は洗い、ヘタのまわりの葉はキッチンばさみで切り詰め、包丁かピーラーで皮をむく。

二　ビニールひもを1m×5本用意する。ひもの端に柿1個を玉結びし、30cm間隔を開けてもう1個結ぶ。反対側の端にも1個結び、30cm間隔を開けてもう1個結ぶ。1本の紐に計4個の柿を結びつけ、これを5組作る。

三　カビ防止のために柿を煮沸消毒する。鍋にたっぷりの湯を沸かし、二の柿を2個ずつ入れて5秒ほど湯通しし、清潔なざるにあげる。

四　日当たりと風通しのよい所に、柿同士が触れないように干す。夜間は室内に取り込み、なるべく乾燥した涼しい場所にハンガーなどを利用して干す。

五　渋の抜け具合を均一にし、食感がよくなるように、できれば毎日やさしくもむ。湿度が高い日や室内干しが続く場合は、カビ防止に焼酎を含ませたキッチンペーパーでふくとよい。

六　15日ほど経ち、表面にしわが増え、白い粉がふき出てきたら食べごろ。

便利な結び方

一　ひもの端を持ち、右手が下になるようにして5cm大の輪を作る。同様にもうひとつ輪を作る。

二　2つ目の輪をひとつ目の輪の上に重ねる。

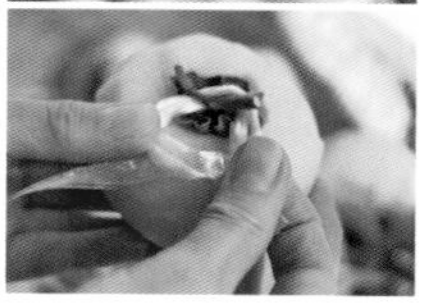

三　その輪に柿のヘタを通して左右にひもをギュッと引く。

保存

ひもをはずして一個ずつラップに包み、ジッパーつき保存袋に入れる。冷蔵庫で約1週間、冷凍なら約6カ月保存可能。

たっぷりねぎのさんまコンフィ

塩焼きもいいですが、たっぷりのねぎと一緒におしゃれなコンフィにしてみては？

さんまは筒切りにするだけ、あとはオーブンまかせでお手軽です。

身がほろほろっと骨からはずれるので食べやすく、そのままでもいいし、パスタやサンドイッチ、サラダなどお料理の展開もしやすいです。

香りと旨みが移ったオイルも絶品ですよ。

保存期間	冷蔵庫で約1週間
保存容器	18×12cmの保存容器
食べごろ	作ってすぐから

材料（作りやすい分量）

さんま…2尾
長ねぎ…1本
赤とうがらし…2本
塩…適量
米油（またはサラダ油）…約200mℓ

作り方

一 長ねぎは粗みじん切りにし、赤とうがらしはヘタを切って種を除く。

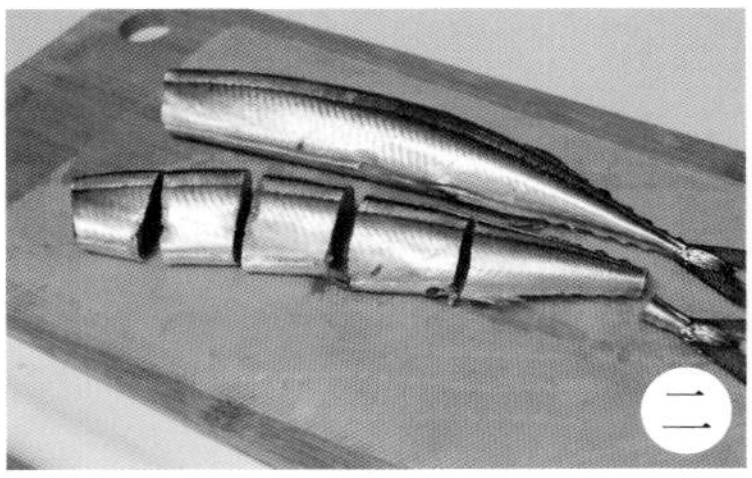

二 さんまは包丁で軽く表面をこそげてうろこを除く。頭と尾を切り落とし、3cm幅の筒切りにする。

三 菜箸で内臓をかき出し、流水で洗って水気をふく。塩小さじ½をまぶし、10分ほどおく。

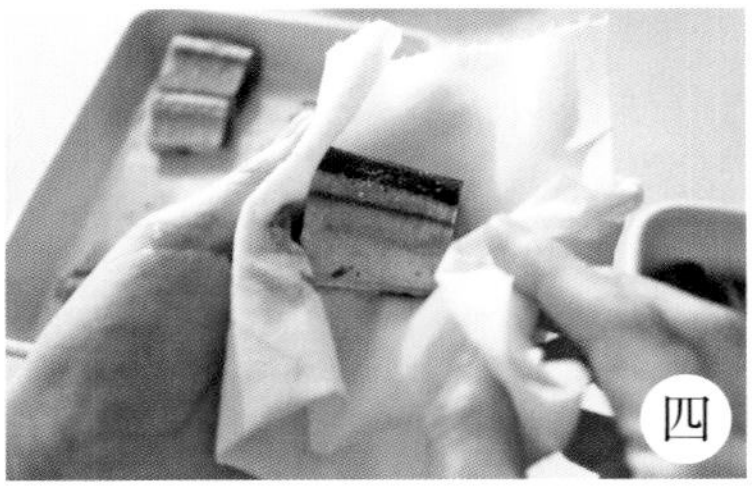

四 さんまから出た水気をふき取り、18×12cmぐらいの耐熱容器に重ならないように並べる。

五 **四**に**一**をのせ、塩小さじ½をふる。食材がひたひたに浸かる程度に米油を注ぎ、予熱なしの80℃のオーブンで90分焼く。冷めたらふたをして冷蔵庫で保存する。

いくらのしょうゆ漬け

ちょっと手間でも、自分で漬けたいくらは絶品！
筋子が安く、たくさん出回っているうちに
挑戦してみてください。
板前修業時代によく仕込みをしていた思い出の味です。
筋子をしっかり洗って薄皮を除くと、
生臭さがとれておいしく仕上がります。
冷凍しておけばお正月にも大活躍しますよ。

保存期間	冷蔵庫で約1週間 冷凍庫で1〜2カ月
保存容器	380mℓの保存容器
食べごろ	1日後から

材料（作りやすい分量）

筋子…200g

A
- だし昆布…7g
- 水…100mℓ

B
- 薄口しょうゆ…60mℓ
- みりん、酒…各15mℓ
- きび砂糖…小さじ½

作り方

一

鍋にAを入れ、弱火でじっくり煮出してだしを作り、冷ましておく。

二

別の鍋にBを入れ、静かに沸騰させて煮きり、冷ましておく。

三

筋子は塩適量（分量外）を入れた水で下洗いする。ボウルに40℃の湯をはって筋子を入れ、指の腹で1粒ずつ丁寧に薄皮をはずす。3回ほど水を替えて洗い、ざるにあげて15分おき、水気をきる（筋子が白くなってもOK）。

四

二が冷めたら、**一**の昆布だし40mℓを加えて漬け地を作る。清潔な保存容器に漬け地少量を入れて全体に行き渡らせてから捨てる。この「地洗い」をしてから筋子を入れると傷みにくい。

五

四に**三**の筋子を入れ、残りの漬け地を加える。ふたをして冷蔵庫で1日漬ける。

秋

ジンジャーシロップとしょうが糖

身体をぽかぽか温めてくれるジンジャーシロップは寒い季節の温活や、体調管理にぴったり。のどの調子がおかしいなと感じたら、我が家では風邪薬の前に、まずこちらをお湯割りにしたり、ホットワインに入れて飲んでいます。シロップと一緒に、懐かしおやつ「しょうが糖」が作れるのもうれしい。ついついつまんでしまうおいしさです。

保存期間	冷蔵庫で約1カ月
保存容器	500mlの保存瓶（ジンジャーシロップ）
食べごろ	作ってすぐから

材料（作りやすい分量）

しょうが（または新しょうが）…150g
ざらめ（または砂糖）…300g
水…300ml
レモン汁…大さじ1〜
グラニュー糖…適量

作り方

一 しょうがはかたい節や古い切り口を除き、繊維を断つ方向に2〜3mm厚さに切る。

二 鍋にざらめと分量の水を入れる。一を加えて弱火にかけ、ざらめが溶けたら中火にして煮る。

三 アクが出たら除き、落としぶたをして弱火で20分ほど煮る。仕上げにレモン汁を加えてひと煮し、火を止めて粗熱をとる。

四 三のシロップを清潔な保存瓶に移し、しょうがは鍋に戻す。

五 弱火で焦げないように、カラカラになるまで炒る。焦げそうなときは火を止めながら、じっくり炒る。グラニュー糖を入れたバットに移し、全体にまぶす。

保存

ジンジャーシロップは完全に冷めたらふたをする。しょうが糖は保存容器に入れる。いずれも冷蔵庫で約1カ月保存可能。

ジンジャーシロップで

鶏といろいろきのこの甘辛煮

ぴりっと辛みのきいたジンジャーシロップはお料理の調味料としても活躍。味が簡単に決まります。きのこと里いもの秋らしい煮ものに加え、つややかに仕上げて。

材料（2人分）

鶏もも肉…160g
里いも（皮をむいて下ゆでしたもの）…200g
しいたけ…4枚
エリンギ…1本
しめじ…½パック（50g）
米油（またはサラダ油）…大さじ1
塩…ひとつまみ

A
水…150mℓ
酒…大さじ1
ジンジャーシロップ、しょうゆ…各大さじ2

作り方

一 鶏肉はひと口大に切り、しいたけは石づきを取って半分に切る。エリンギ、しめじは食べやすい大きさに裂く。

二 鍋を熱して米油を引き、鶏肉を入れて塩をふり、炒める。焼き色がついたら、きのこ類、里いもを加えて炒める。

三 全体に油が回ったらAを加えて煮る（写真）。アルミホイルで落としぶたをし、煮汁がほぼなくなったら完成。

ジンジャーシロップを加えるとき、好みでしょうが糖を適量加えるとよりパンチのある味わいに。

ジンジャーシロップで

ジンジャーチャイ

牛乳たっぷりのチャイにして、冬のほっこりティータイム。
クローブやカルダモンを加えれば、さらに本格的に。

材料（２人分）

ジンジャーシロップ…大さじ３
水…250mℓ
シナモンスティック…１本
紅茶の葉…ティースプーン３杯
牛乳…200mℓ

作り方

一 鍋に分量の水とざっくり割ったシナモンスティックを入れ、火にかける。沸騰したら弱火にし、紅茶の葉を入れて２分煮出す。

二 牛乳を加え、沸騰したら火を止めてジンジャーシロップを加える。茶こしでこしてカップに注ぐ。

しょうが糖で

しょうが糖ヨーグルト

相性のよいパイナップルを合わせた簡単デザート。
最後に加えるオリーブオイルがおいしさを引き立てます。

材料（１人分）

しょうが糖…10g
プレーンヨーグルト…100g
パイナップル（生でも缶詰でもよい）…60g
（好みで）砂糖…適量
オリーブオイル…適量

作り方

一 しょうが糖はせん切り、パイナップルはひと口大に切る。

二 一とプレーンヨーグルトを合わせ、好みで砂糖を足す。オリーブオイルを回しかける。

冬の手しごと

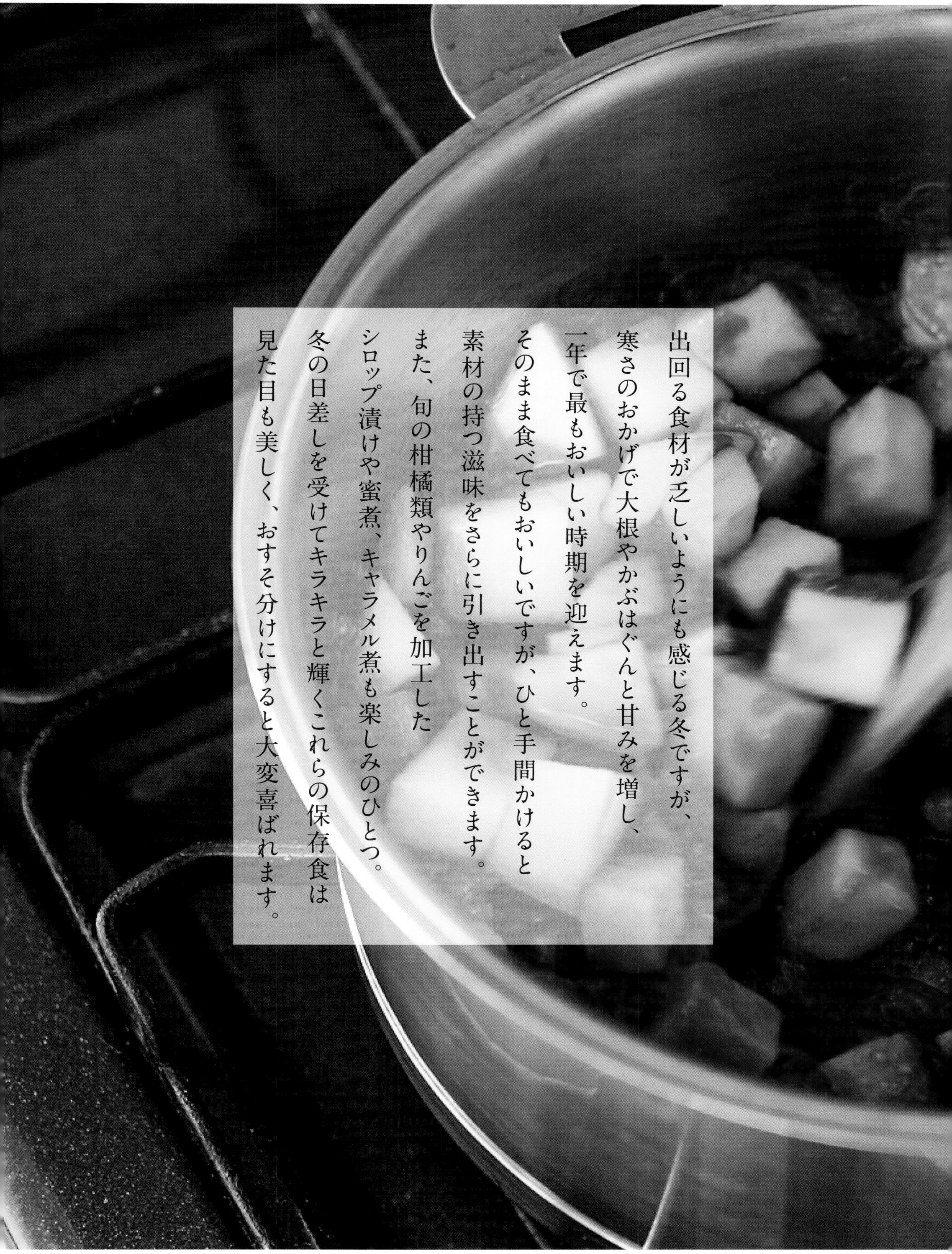

出回る食材が乏しいようにも感じる冬ですが、
寒さのおかげで大根やかぶはぐんと甘みを増し、
一年で最もおいしい時期を迎えます。
そのまま食べてもおいしいですが、ひと手間かけると
素材の持つ滋味をさらに引き出すことができます。
また、旬の柑橘類やりんごを加工した
シロップ漬けや蜜煮、キャラメル煮も楽しみのひとつ。
冬の日差しを受けてキラキラと輝くこれらの保存食は
見た目も美しく、おすそ分けにすると大変喜ばれます。

割干し大根

旬の大根を乾燥させて、さらにおいしくしてみませんか？
いわゆる「半干し」にすれば、
生と乾物のいいとこ取り。
甘みが増して歯ごたえがアップするのはもちろん、
戻さずにそのまま使えるので調理も楽ちんです。
ハンガーにひっかけて干すからとっても簡単。
ベランダやお庭で大根がヒラヒラしている姿が
なかなかユーモラスでかわいいのです。

保存期間	約1週間
食べごろ	1～3日後から

材料（作りやすい分量）

大根… 1本（約1kg）

作り方

一 針金のハンガーを用意する。大根はよく洗って水気をふき、皮つきのまま縦4等分に切る。太い大根なら縦6等分に切る。

二 葉元を3～4cm残して切り込みを入れ、二股になるようにする。

三 間隔をあけてハンガーにひっかけ、風通しが良く日当たりの良い場所で1～3日干す。夜間は屋内に入れるなど、夜露が当たらないようにする。

四 好みの干し加減になったら取り込む。使うときは熱湯をさっとかけて洗い、普通の大根と同じように汁物や炒め物、煮物に使う。葉の部分も、細かく刻んでみそ汁などに入れるとよい。

保存

適当な大きさに切り、保存容器に入れて冷蔵庫で約1週間。

割干し大根で

はりはり漬け

割干し大根で作る伝統料理といえば、はりはり漬け。名前のとおり、生とも乾物とも違う「はりはり」とした食感が特徴です。お酢を加えるとさっぱり、サラダのように食べられます。

保存期間	冷蔵庫で4〜5日
保存容器	18×12cmの保存容器
食べごろ	6時間後から

割干し大根は熱湯をさっとかけ、表面のほこりなどを洗い流してから使います。

材料（作りやすい分量）

割干し大根…250g
- きび砂糖（または砂糖）…大さじ1と½
- しょうゆ、米酢…各大さじ2
- 水…100mℓ

A（上記3行）

だし昆布（3cm角）…1枚
赤とうがらし…½本

作り方

一 だし昆布はキッチンばさみでせん切りにする。赤とうがらしは種を除いて水に浸け、小口切りにする。

二 鍋にAとだし昆布を入れて火にかけ、沸騰したら火を止めて冷ます。

三 割干し大根は熱湯をかけて表面のほこりなどを除き（写真）、3〜4cm長さの棒状に切る。太ければ厚みを半分に切る。

四 清潔な保存容器に三、赤とうがらし、二を入れ、冷蔵庫で6時間〜ひと晩なじませる。

保存期間	冷蔵庫で4〜5日
保存容器	ジッパーつき保存袋(L)
食べごろ	3時間後から

かぶの浅漬け

野菜が不足しがちな冬、やわらかい旬のかぶをお手軽な浅漬けに。
サラダ感覚でたくさん食べられるうれしい一品です。
少し手間ですが塩をきちんと量って加えると、味がピタッと決まります。

材料（作りやすい分量）

かぶ（葉つき）
…3個（620g）
塩…約12g（かぶの正味量の2%）
きび砂糖（または砂糖）
…小さじ1
米酢…小さじ1
赤とうがらし…1本

作り方

一 かぶは葉を切り離し、皮をむいて3〜5㎜厚さのひと口大に切る。葉はよく洗って2㎝長さに切る。

二 ボウルに一を入れて計量し、重さの2%の塩、きび砂糖、米酢を加えて手でもむ（写真）。

三 ジッパーつき保存袋（L）に入れる。

四 赤とうがらしは半分に切って種を取り、三に加える。冷蔵庫で3時間ほど漬ける。

砂糖を加えてもむことで食べやすくなり、米酢が葉の青臭さを消してくれます。

保存期間　冷蔵庫で約2カ月
保存容器　80mlの保存容器
食べごろ　作ってすぐから

ゆずこしょう

ピリッとした辛みとさわやかな香りがたまらないゆずこしょう。薬味としてだけでなく、ドレッシングやあえものにしても。少し食感を残してすりおろすと、フレッシュ感が増しますよ。

材料（作りやすい分量）

青ゆず…4個（約200g）
青とうがらし…10本
粗塩…適量

作り方

一　包丁の刃元を使って青ゆずのヘタを除き、おろし器で皮の表面だけをすりおろす。皮は集めて重さを量る。

二　青とうがらしはヘタを取り、ワタと種を除いてから重さを量る。あれば使い捨て手袋をつけ、包丁でできるだけ細かく刻む。

三　すり鉢に**一**、**二**を入れてよくする。青ゆずの皮＋青とうがらしの重さの23％の粗塩を量って加え、さらにする。

四　まとまりが悪ければ、青ゆずの果汁小さじ1〜2を加えて混ぜる（よりなめらかにしたい場合はフードプロセッサーを使用）。清潔な保存容器に詰め、冷蔵庫で保存する。

ゆず果汁を加えるときは、種が入らないように茶こしを通すとスムーズです。

手作りポン酢

一度手作りすると、もう市販品に戻れないくらい
香り高く、まろやかで旨みも豊か。作り方も簡単で、
自分好みにカスタマイズできるのもうれしいポイントです。

保存期間　冷蔵庫で半年〜1年
保存容器　500mlの保存瓶
食べごろ　7日後から

こしたらふたをして寝かせます。こした後の花かつおでほうれん草やもやしをあえてもおいしいですよ。

材料（作りやすい分量）

ゆず…3〜4個
米酢…約60ml
みりん…30ml
しょうゆ…150ml
だし昆布…10g
花かつお（だし用かつお節）…15g

作り方

一　小鍋にみりんを入れて火にかけ、沸騰したらアルコール分を飛ばし、火を止めて冷ます。

二　ゆずは切って果汁をしぼる。種が入らないようにこしながら90ml計量し、米酢を加える。

三　清潔な保存瓶に一と二、しょうゆを入れる。だし昆布と花かつおを加え、菜箸で花かつおを軽く沈めて冷蔵庫で1日なじませる。

四　キッチンペーパーなどでこし、ふたをして冷蔵庫で7日ほど寝かせる。

みかんのシロップ漬け

コロンとしたみかんの形を
そのまま生かしたシロップ漬け。
果肉にシロップがじんわり浸透して
贅沢なデザートのようなお味になります。
出回る時期に仕込んでおいて、しばらくは
瓶のまま、かわいらしい姿を鑑賞。
暑い季節を迎えたら、ひんやり冷やして味わいましょう。
みかんは小ぶりで酸味があるものがおすすめです。

保存期間	常温で約1年
保存容器	1ℓの保存容器
食べごろ	3カ月後から

材料（作りやすい分量）

みかん…約10個（800g）

A
- グラニュー糖…350g
- 水…350mℓ

作り方

一 小鍋にAを入れて中火にかけ、グラニュー糖が溶けたら火を止めてそのまま冷まし、粗熱をとる。

二 みかんは皮をむき、白い筋もざっと除く。横半分に切ってもよい。

三 清潔な保存瓶にみかんを入れ、一のシロップ液を瓶の高さの八分目くらいまで流し入れ、ふたをする。

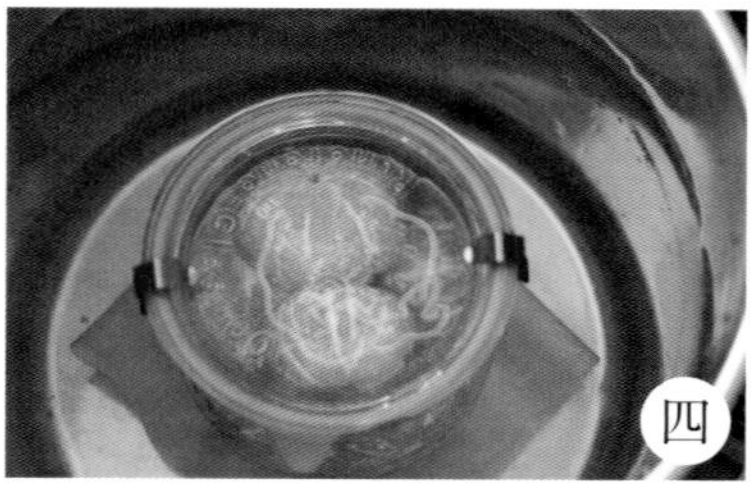

四 保存性を高めるために脱気する。瓶がすっぽり入る深さの鍋を用意し、ふきんを底に敷いて三をおく。かぶるくらいの水を入れて強火にかけ、沸騰したらブクブク煮立つ程度の火加減にして30分加熱する。耐熱性のゴム手袋か専用のグラスリフターなどで瓶を取り出し、冷ます。

保存

常温におき、3カ月ほど味をなじませる。約1年保存可能。一度開けたら冷蔵庫に移し、2週間以内に食べきる。

冬

レモンカード

英国生まれのスプレッドでアフタヌーンティーはいかが？
パンに塗ったりヨーグルトに添えたり、楽しみ方いろいろ。
湯せんの温度に注意するのがなめらかに仕上げるコツです。

レモンの皮を加えると香りがアップ。無農薬のものがない場合、熱湯にさっと浸してから使いましょう。

材料（作りやすい分量）

レモン（無農薬のもの）…2個
卵…2個
砂糖…100g
バター（食塩不使用）…100g

作り方

一　レモンは皮の表面をグレーターなどでけずり取り、果汁をしぼる。

二　卵は溶きほぐし、ざるでこしてから鍋に入れる。レモン果汁60〜70mℓ、砂糖、サイコロ状に切ったバターを加える。

三　**二**の鍋よりひと回り大きい湯せん用の鍋に湯を沸かし、湯の1/3量程度の水を加えて温度を下げて70〜80℃にする。湯が入らないように**二**の鍋を重ねる。

四　へらで絶えず混ぜ、なめらかなクリーム状にする。濃度が出ない場合は、湯せんの鍋を火にかけて温度を少し上げる。

五　へらで鍋底に線を引いてみて、すぐに流れ込んでくるぐらいのかたさになったら湯せんからはずす。レモンの皮を加え混ぜ（写真）、熱いうちに清潔な保存瓶に詰め、逆さにして冷ます。冷めたら冷蔵庫で保存する。

きんかん蜜煮

きんかんを煮ているときの幸せな香りが大好き。
お湯を注いできんかん茶にするのはもちろん、
焼き魚のつけ合わせにするのが我が家の定番です。

保存期間	冷蔵庫で約1週間
保存容器	500㎖の保存容器
食べごろ	作ってすぐから

縦にぐるりと切り込みを入れて。完成したのち、ぎゅっとつぶすとお花のようになります。

材料（作りやすい分量）

きんかん…15個

A グラニュー糖…50g
　水…150㎖

作り方

㈠ きんかんは洗ってヘタを取る。5㎜ぐらいの間隔で、縦方向に包丁で切り込みを入れる（写真）。

㈡ 鍋にきんかんとかぶるくらいの水を入れて火にかけ、沸騰したらそのまま5分ほど煮る。ひとつ取り出してみてやわらかくなっていたら、ざるにあげて冷ます。

㈢ きんかんの入ったざるを鍋にのせ、きんかんを指でつぶしながら、竹串で中の種をできるだけ除く。出た果汁はそのまま鍋に入れる。

㈣ 三の鍋に、きんかん、Aを入れて弱火で10分ほど、煮汁が半分くらいになるまで煮詰める。粗熱がとれたら清潔な保存容器に移す。

キャラメルりんご

りんごとほろ苦いキャラメルは
それだけでも相性抜群ですが、
濃厚な生クリームも加えて
さらにリッチに仕上げました。
パンやアイスクリームに添えるだけで
極上のデザートに。
紅玉やジョナゴールドなど、酸味が強めの
品種で作ると、味のバランスがよくなります。

保存期間	冷蔵庫で約2週間
保存容器	370mℓの保存瓶×2
食べごろ	作ってすぐから

材料(作りやすい分量)

りんご(酸味があるもの)…3個(正味550g)
グラニュー糖…220g(りんごの重量の40%)
バター…80g
生クリーム…100mℓ

作り方

りんごは皮をむき、1cm角に切る。

深めの鍋にグラニュー糖を入れ、中火にかける。さわらずに、全体が茶色く溶けてブクブクするまで待つ。

鍋を傾けて軽くなじませたら、ぬれぶきんの上に鍋をおき、少し冷ます。バターとりんごを加え、へらで混ぜる。

中~強火にかけ、へらで混ぜながら、りんごがしんなりするまで煮る。生クリームを加え混ぜ、ツヤが出るまで煮詰める。熱いうちに清潔な保存瓶に移し、冷めたらふたをして冷蔵庫へ。

キャラメルりんごとチーズのパイ

簡単なのに、お店に負けない完成度。
おもてなしにも。

材料(4個分)

キャラメルりんご適量、冷凍パイシート2枚、クリームチーズ60g、卵黄1個分

作り方

一 パイシートは解凍し、少しかたいうちに4等分に切る。半量は上に切り込みを入れる。
二 一にクリームチーズ、キャラメルりんごの順に等分にのせ、切り込みを入れたパイシートをかぶせてふちを押さえ、卵黄を塗る。
三 200℃に予熱したオーブンで約30分焼く。

一年中楽しめる手しごと

季節を問わず、思い立ったらいつでも始められるおすすめレシピをご紹介。人気の高い自家製ぬか漬けや手打ちうどん、ざる豆腐など、手作りの面白さが詰まっています。

ぬか漬け

気軽に挑戦できて少量から楽しめるとっておきのぬか漬けレシピをご紹介。

ぬか床作りはジッパーつき保存袋でOK。

塩昆布を入れることで、旨みのあるぬか床が手早く作れ、おいしく漬けることができます。

材料のぬかは、精米機や米屋さんなどでなるべく新鮮なものを手に入れてみてください。

また、最初にぬかを煎るひと手間をプラス。

きな粉のような香ばしさが加わり、より味わい深くなります。

保存期間	冷蔵庫で2～3日
保存容器	ジッパーつき保存袋（L）
食べごろ	本漬け4時間後から

材料（作りやすい分量）

米ぬか（生）…750g
A 粗塩…100g
　水…750㎖
赤とうがらし…３本
塩昆布…15g
捨て漬け用の野菜（キャベツの外葉、芯、大根など）…適量
本漬け用の野菜（きゅうり、にんじん、セロリ、大根、長いも、みょうが、かぼちゃ、パプリカ、なすなど）…一度に300gまで
粗塩…適量

通年

一年中楽しめる手しごと

ぬか床作り

鍋にAを入れて火にかけ、粗塩を溶かす。沸騰したら火を止め、完全に冷ます。

その間に生ぬかを煎る（煎りぬかの場合はそのままでOK）。大きめのフライパンか中華鍋にぬかを入れて中火にかけ、焦がさないようにへらで混ぜながらよく煎る。香ばしくなり、ほんのり色づいたら火を止め、冷ます。

一を**二**に数回に分けて加えて混ぜ、へらで底からすくうように全体をしっかり混ぜる。ぎゅっとにぎるとまとまるようになったらOK。

赤とうがらしと塩昆布を加えてさらに混ぜる。ジッパーつき保存袋に移す。

捨て漬け用の野菜は洗い、よく水気をきる。**四**に埋め込み、上からぬかをかぶせる（キャベツの葉など薄いものは折りたたむとよい）。

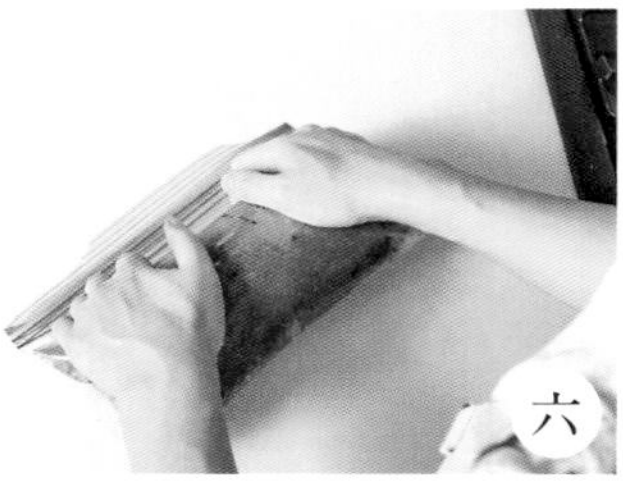

袋の上から中の空気を抜くようにぎゅっと押して口を閉じ、表面をならす。

常温におき、1日1回捨て漬け野菜を取り替え、まんべんなくぬか床をかき混ぜる。これを3日続け、捨て野菜は除く。

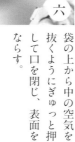

下ごしらえと漬け時間の一覧表

食材	下ごしらえ	目安の漬け時間
きゅうり	粗塩少量をすり込む。	4～8 時間
にんじん	皮をむき、大きければ縦半分に切って粗塩少量をすり込む。	6～12 時間
セロリ	葉を切り落として筋を除く。	4～8 時間
大根	皮をむき、適当な大きさに切る。	6～16 時間
長いも	皮つきのままひげ根をコンロの火で焼いて除き、太ければ縦半分に切る。粗塩少量をすり込む。	6～12 時間

食材	下ごしらえ	目安の漬け時間
みょうが	縦半分に切る。	4～8 時間
かぼちゃ	種とワタを除いて2mm厚さに切り、粗塩少量をすり込む。	6～16 時間
パプリカ	縦半分に切り、種を除く。	4～6 時間
なす	縦半分に切り、粗塩少量をすり込む。	4～8 時間

本漬け

八

一覧表を参考に、漬ける野菜の下ごしらえをする。
※一度に漬けるのは全量300gまで。

九

野菜をぬか床に押し込むように入れ、完全にぬかの中に埋める。みょうがなど小さいものはぬか床の上の方に漬けるとよい。冷暗所または冷蔵庫において漬ける。

一〇

一覧表を参考に、漬かったものから取り出す。流水でぬかを洗い流し、食べやすい大きさに切って器に盛る。すぐに食べない場合は、ぬかを洗い流す前の状態で冷蔵庫に入れておく。

ぬか床のメンテナンス

1日1回、ぬか床を手でしっかりとかき混ぜて空気を含ませる。気温の高い夏は冷蔵庫に移す。

・水っぽくなったら、お茶パックに干ししいたけやだし昆布、煮干しなどを入れて水分を吸わせてもよい。
・長期間留守にするときは、野菜を取り出して空気を抜き、冷蔵庫に移しておく。

手打ちうどん

もっちり、シコシコの弾力がたまらない手打ちうどん。こねて、切って、ゆでて……うどん屋さんのような作業はワクワクするイベント感があります。

材料はシンプルで、工程も意外なほど簡単。ちょっと力が要りますが、エクササイズ気分で楽しく挑戦してみてください。

お子さんと一緒に作るのもおすすめですよ。

材料（４人分）

中力粉…400g
（または薄力粉200g＋強力粉200g）
A 塩…12g
　水（寒い時期はぬるま湯）…190mℓ
打ち粉（強力粉）…適量

作り方

一 Aは混ぜ合わせておく。大きめのボウルなどに中力粉を入れ、手で全体を混ぜる。ボウルがすべらないように下にぬれぶきんなどを敷くとよい。

二 Aを少量ずつ加えながら指先でぐるぐると混ぜ、全体を細かいそぼろ状にする。うまくそぼろ状にならない場合は、小さじ１くらいずつ水を足す。

三 生地をひとつにまとめるように、押してのばしたら折りたたむ作業を繰り返し、体重をかけて10分ほどこねる。

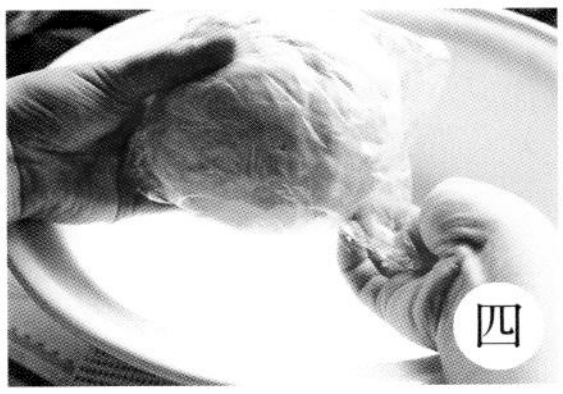

四 生地がなめらかになったらラップで包み、夏なら１時間、冬なら２時間ほど暖かい室内で寝かせ、熟成させる。

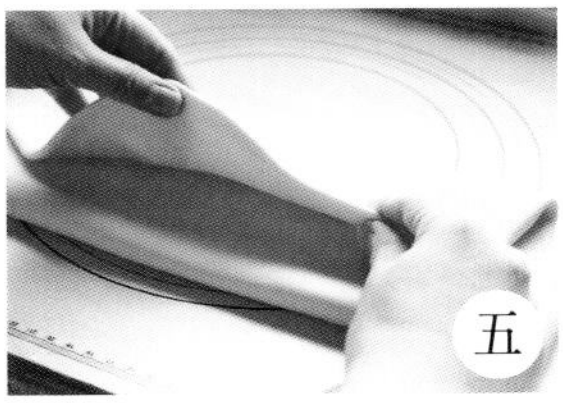

五 広い台に打ち粉をし、生地にも打ち粉をしてのせる。めん棒で縦、横、斜めにのばして正方形に近づけながら２㎜厚さにのばし、打ち粉をして三つ折りにする。

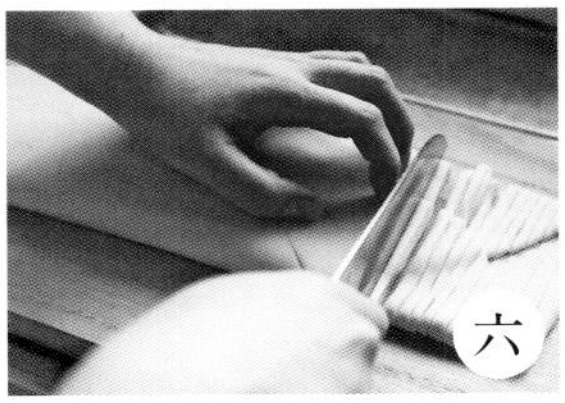

六 大きめの鍋にゆでるための湯を沸かしておく。生地をまな板に移し、包丁で押すようにして２㎜幅に切る。ほぐしながら余分な打ち粉を落とす。

七 沸騰した湯に入れて10分ほどゆでる。ざるにあげて流水で洗い、ぬめりを取る。温かくして食べる場合は、この後熱湯を回しかける。

・作り方三で生地をこねるのが大変なら、ビニール袋に入れてタオルで包み、足踏みしてもよい。その場合、平らになったら丸める、の工程を３回ほど繰り返す。

ざる豆腐

大豆本来の濃厚な味わいとみずみずしさは感動もので、おもてなしにもぴったりです。豆腐のおいしさはお水に影響されるので、ミネラルウォーター（軟水）で作るのがおすすめ。途中でできるおからも絶品です。煮物やハンバーグ、ドーナツなどに使ってみてください。

材料（直径14㎝のざる２個分）

乾燥大豆…300g
ミネラルウォーター（浸水用）…900mℓ
ミネラルウォーター（豆乳用）…800mℓ
にがり…11g（しぼった豆乳の重量の1％）
（好みで）小ねぎ、しょうが、削り節…各適量

作り方

一　大豆はよく洗い、大きめのボウルにミネラルウォーター（浸水用）とともに入れ、10時間ほど浸水させ、約3倍の大きさに戻す（冷蔵庫に入れる場合や寒い時期なら16時間）。

二　**一**を水ごとハンドブレンダーかミキサーにかけ、生呉《なまご》を作る。指に取り、粒が少し残る程度になるまで撹拌する。

三　大きめの鍋に**二**とミネラルウォーター（豆乳用）を入れて中火にかけ、鍋底が焦げないようにへらで混ぜながら煮る。泡が出たらふきこぼれない程度の火加減に調整し、15分ほど煮る。

四　ボウルとざるを重ねてさらしを敷き、ゆっくりと**三**を流し入れる。

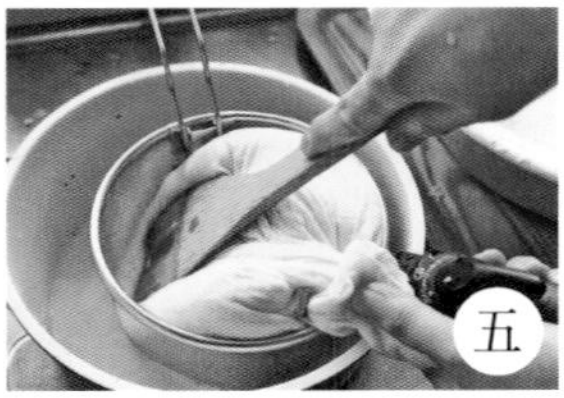

五　さらしの上から木べらなどを押しつけ、さらに豆乳をしぼり出す。豆乳を鍋に移して重さを量り、豆乳の1％のにがりを用意する。

六　豆乳の鍋を火にかけ、温度を測って75～80℃にする。火を止めてにがりを加え、へらで2～3回静かに混ぜてふたをし、15分ほどそのままおいてかためる。

七　バットなどの上にざるを重ね、**六**がかたまったら玉じゃくしですくってのせる。好みで小ねぎ、しょうが、削り節を添える。冷蔵庫に入れる場合は表面が乾かないよう、さらしなどをかぶせる。

・作り方**五**のしぼりかすはおからとして使える。当日または翌日中に食べきること。

そばつゆ

煮干しと昆布から丁寧にだしを引くそばつゆは、格別のお味。
我が家では、家族が集まる年越しそばのときに用意しています。
市販のめんつゆはちょっと甘いかな、と感じる方もぜひ。

材料（2〜3人分）

煮干し…30g
真昆布…20g
水…900mℓ
酒…50mℓ
みりん…適量
しょうゆ…80mℓ

作り方

一 昆布は乾いたふきんでさっと表面をふき取る。煮干しは頭とはらわたを取り除き、半分に割く。鍋に入れて分量の水を加え、30分浸しておく。

二 かえしを作る。別の鍋に酒とみりん100mℓを入れて火にかけ、沸騰して1分ほど加熱したらしょうゆを加える。静かに煮立つ程度の火加減で1分ほど加熱し、火を止める。

三 一の鍋を中火にかけ、沸騰したら火を弱めて6〜7分煮る。

四 二の鍋の上にキッチンペーパーを敷いたざるをのせ、三のだしをこしながら加える。火にかけてひと煮立ちさせる。甘さがほしい場合はみりんを足す。

煮干しは、頭と一緒にはらわたも丁寧に取り除いてください。苦みや魚臭さが出にくくなります。

私のとっておき
郷土の保存食

その地方ならではの風土や歴史がうかがえる昔ながらの郷土料理に魅了されています。現地を訪れてみて、これはおいしい！と感銘を受けたとっておきの郷土料理をご紹介します。

豚みそ

豚の産地・鹿児島や奄美で作られている常備菜。豚肉と削り節の旨みと甘めの味つけで、ごはんが止まらなくなるおいしさです。麦みそや黒糖を使うと本場の味に。

材料（作りやすい分量）

豚肉（肩ロースまたはバラ・しょうが焼き用）…150g
しょうが…30g
A
麦みそ…150g
黒糖（粉末／または砂糖）…60g
酒、みりん…各大さじ2
削り節…1パック（4g）
白いりごま…大さじ1

作り方

一 豚肉は5㎜角に切る。しょうがは皮つきのまますりおろす。
二 フライパンを中火で熱して豚肉を炒め、脂が出てきたらしょうがを加えて炒める。香りが立ったらAを加え、アルコール分を飛ばす。
三 削り節、白ごまを加えてさっと炒め、火を止める。清潔な保存容器に入れ、冷めたらふたをして冷蔵庫へ。

保存期間	冷蔵庫で約1週間
保存容器	320㎖の保存容器
食べごろ	作ってすぐから

べっこうしょうゆ

伊豆諸島の大島で初めて味わったとき、
青とうがらしのさわやかな辛みと香りのよさに感動。
漬け込むほどにじわじわと辛みが出てきます。
刺身じょうゆや漬けだれ、冷ややっこなどに。

保存期間	冷蔵庫で約1カ月
保存容器	400mlの保存瓶
食べごろ	2〜3日後から

材料（作りやすい分量）

しょうゆ…200ml
みりん、酒…各50ml
青とうがらし…約10本

作り方

一 みりんと酒を小鍋に入れて火にかけ、30秒ほど静かに沸騰させ、火を止めて粗熱をとる。

二 青とうがらしはヘタを取り、長さを半分に切る。辛みを強くしたい場合は小口切りにする。

三 清潔な保存瓶に一としょうゆ、青とうがらしを入れて混ぜ、冷蔵庫で2〜3日寝かせる。

べっこうずし

漬けた魚がつややかな
べっこう色になり、保存性も高まります。
辛さが旨みを引き出し、
いくつでも食べられそう。

材料（約12貫分）

たいやひらめなど白身魚（刺身用）
…1〜2さく
べっこうしょうゆ…大さじ3〜4
温かいごはん…320g
A【砂糖大さじ1、米酢大さじ1½、塩小さじ¼】
（好みで）練り辛子…少量

作り方

一 白身魚は薄切りにする。バットに入れ、べっこうしょうゆを加えて10分ほど漬ける。
二 ごはんにAを混ぜて酢飯にし、12等分して軽くにぎる。
三 汁気をきった一を二にのせてにぎる。好みで練り辛子、べっこうしょうゆの青とうがらしの小口切りをのせる。

鯖そぼろ

丹後地方（京都～兵庫）に伝わる鯖のそぼろは
ごはんのお供や、ちらしずし、あえものに。
缶詰で作るレシピもありますが、
切り身から作るとおいしさが違います！

保存期間	冷蔵庫で4～5日
保存容器	850mlの保存容器
食べごろ	作ってすぐから

材料（作りやすい分量）

鯖（三枚おろし）…1尾分（正味380g）
塩…小さじ½
A
　酒…50ml
　砂糖、しょうゆ…各大さじ3
しょうが（せん切り）…1片分

作り方

一 鯖は塩をふって5分おき、キッチンペーパーで水気をふき取る。骨と皮を残して、身だけをスプーンでかき取る。

二 フライパンに一とAを入れ、鯖の身を細かくほぐしながら炒る。骨が残っていたら除き、煮汁が完全になくなるまで加熱する。清潔な保存容器に入れ、冷めたらふたをして冷蔵庫へ。

丹後のばらずし

ご当地では「まつぶた」という浅い箱の器に盛りつけます。おうちでも四角い容器を使い、層を作ると華やか。

材料（4人分）

温かいごはん（だし昆布を加えて炊く）…2合分
鯖そぼろ…100g
かまぼこ…適量
薄焼き卵…1個分
さやえんどう（塩ゆで）…3～4本
紅しょうが…30g
白いりごま…大さじ1
A【米酢50ml、砂糖大さじ2、塩大さじ⅓】

作り方

一 かまぼこはひと口大に切り、さやえんどうは斜め切りにする。薄焼き卵は3等分に切ってせん切り、紅しょうがは短く切る。
二 ごはんが炊き上がったら昆布を取り除き、混ぜ合わせたAを加えて混ぜる。白ごまを指でひねりながら混ぜる。
三 お重に二の半量、鯖そぼろの半量、残りの二の順に重ねて詰める。一の具材と残りの鯖そぼろを彩りよく散らす。

がまざわ たかこ

料理研究家、調理師。秋田県生まれ、秋田県育ち。ホテル和食部門勤務や保育園給食の調理などを経て、現在は料理教室やイベントでの講師、小学校での食育授業など精力的に活動。旅行会社勤務中に各地の料理や食文化の魅力を知り、郷土料理の研究をしている。レシピサイトＮａｄｉａでレシピを紹介するNadia Artistとしても活躍している。

Instagram：@suesue804fukuchan111
Nadia：https://oceans-nadia.com/user/22477/profile

Ｓｔａｆｆ

デザイン　大橋千恵
編集　立本美弥子
撮影　宗野歩、がまざわ たかこ
料理スタイリング　がまざわ たかこ
校正　草樹社
製作協力　Ｎａｄｉａ株式会社
（葛城嘉紀、黒澤佳、勝間田篤子）

がまざわたかこの おいしい手しごと

２０２３年６月６日　第１刷発行

発行人　松井謙介
編集人　長崎 有
編集　横山由佳
発行所　株式会社　ワン・パブリッシング
〒１１０-０００５　東京都台東区上野３-２４-６
印刷所　大日本印刷株式会社

●この本に関する各種お問い合わせ先
内容や広告等のお問い合わせは、下記サイトのお問い合わせフォームよりお願いします。
https://one-publishing.co.jp/contact/
不良品（落丁、乱丁）については業務センター
Tel ０５７０-０９２５５５
〒３５４-００４５ 埼玉県入間郡三芳町上富２７９-１
在庫・注文については書店専用受注センター
Tel ０５７０-０００３４６

ワン・パブリッシングの書籍・雑誌についての新刊情報・詳細情報は、下記をご覧ください。
https://one-publishing.co.jp/